Babette Geiger · Leichter leben ohne Ballast

BADEWANNENMEDITATIONEN

Babette Geiger

Leichter leben ohne Ballast

GONDROM

Babette Geiger ist freie Autorin mit den Schwerpunkten Lebensberatung, Wellness und Ernährung. Durch zahlreiche Auslandsaufenthalte war sie immer wieder gezwungen, ihr Leben von Ballast zu befreien und sich auf das Wesentliche zu konzentrieren.

Produktion: Medienprojekte München
Covergestaltung: Katharina Schweissguth, München
Coverfoto: gettyimages/Andy Roberts

011

ISBN 978-3-8112-3099-6

5 4 3 2 1

www.gondrom-verlag.de

Inhalt

Das Leben entrümpeln

Wie zahlreich sind doch die Dinge, derer ich nicht bedarf!

Sokrates (ca. 470–399 v. Chr.)

Bevor ich mich hinsetzte, um dieses Buch zu schreiben, musste ich zuerst einmal wieder mein eigenes Leben entrümpeln. Die Gedanken an all die Dinge, die möglicherweise entsorgt, aufgeräumt, geordnet, repariert oder aufgegeben werden mussten, ließen mir einfach keine Ruhe. Und erstaunlicherweise gab es dann tatsächlich einiges zu tun – obwohl ich seit Jahren darauf achte, mein Leben so einfach und wohlorganisiert wie möglich zu gestalten und so wenig unnütze Dinge wie möglich anzuhäufen. Zahlreiche Reisen, Umzüge und lange Auslandsaufenthalte haben mich gelehrt, immer wieder aufs Neue Ballast abzuwerfen.

Es ist schon erstaunlich, wie schnell sich trotz aller Achtsamkeit und Ordnung doch immer wieder kleine Inseln aus Chaos und Gerümpel bilden. Unversehens begräbt eine Papierlawine den Schreibtisch unter sich, die Bügelwäsche stapelt sich in rekordverdächtige Höhen, oder der Keller kann nur noch betreten werden, wenn man ihn vorher mindestens zur Hälfte ausräumt.

Zumindest das Keller-Problem habe ich inzwischen im Griff: Ich lebe in einer Wohnung ohne Kellerabteil – und habe den fehlenden

Stauraum (und vor allem das Gerümpel, das sich darin unweigerlich ansammelt) bisher noch kein einziges Mal vermisst.

Es ist jedoch nur menschlich, Besitztümer anzuhäufen und sein Leben mit allen möglichen Dingen auszufüllen – der Jäger-und Sammler-Trieb scheint eben tief in unserer Natur verankert zu sein. Zum Problem wird das erst, wenn uns die Dinge durch die unzähligen Angebote, Attraktionen und Anforderungen unserer Überfluss-Gesellschaft über den Kopf zu wachsen drohen. Dann ist es höchste Zeit, dem Chaos und Gerümpel um uns und in uns Einhalt zu gebieten und uns wieder Raum und Zeit für uns selbst und die wirklich wichtigen Dinge im Leben zu schaffen – und genau das sollen Ihnen die Tipps und Strategien in diesem Buch so einfach wie möglich machen.

Manches davon wird Ihnen auf den ersten Blick altbekannt oder äußerst simpel vorkommen: Es sind ja keine neuen Erkenntnisse, dass Altes und Unnützes aussortiert und entsorgt werden muss, um Platz für Neues zu schaffen.

Trotzdem fällt es oft nicht leicht, in der Flut von Dingen, Informationen und zwischenmenschlichen Kontakten, die uns Tag für Tag umgibt, nicht unterzugehen. Nur allzu leicht verlieren wir den Überblick darüber – und schließlich verlieren wir dabei auch uns selbst, wenn uns der eigene Lebensweg aus dem Blick gerät und wir scheinbar ziellos im Chaos treiben.

Ich möchte Ihnen mit diesem Buch dabei helfen, den Wirrwarr des Alltags in den Griff zu bekommen, Ihr Leben von unnötigem Ballast zu befreien und es leichter und einfacher zu gestalten. Gleichzeitig möchte ich Sie dazu einladen, sich auf eine Entdeckungsreise zu begeben: Suchen Sie nach dem, was für Ihr Leben wesentlich und Ihnen wirklich wichtig ist, und was nur allzu leicht von den unzähligen Dingen verschüttet wird, die unsere Aufmerksamkeit Tag für Tag an sich binden.

Babette Geiger

Befreien Sie sich!

Quillt Ihr Kleiderschrank mal wieder über? Sind Sie schon seit Tagen vergeblich auf der Suche nach wichtigen Unterlagen, die irgendwo in den Papierbergen Ihres Büros verschwunden sind? Oder leiden Sie darunter, dass Ihr Tag mindestens 32 Stunden haben müsste, um alles Wichtige zu erledigen, darunter, dass alle Welt mit ihren Problemen und Fragen zu Ihnen kommt?

Die meisten Menschen denken beim Begriff »Entrümpeln« zuerst an Ihren voll gestellten Keller und an den Sperrmüll, der schon lange auf seine Entsorgung wartet. Das Chaos, dem wir beim Entrümpeln zu Leibe rücken, kann sich aber in allen Bereichen unseres Lebens ansammeln.

Entrümpeln ist immer dann angesagt, wenn uns die Dinge über den Kopf zu wachsen drohen und es immer schwieriger wird, Raum und Zeit zum Leben zu finden. Die schnellsten Erfolge erzielt das Entrümpeln jedoch auf materieller Ebene – und Sie können sich danach auch sofort über ein deutlich sichtbares Ergebnis freuen.

Entrümpeln auf allen Ebenen

In anderen Bereichen des Lebens ist es manchmal gar nicht so einfach, auf den ersten Blick den Sinn des Entrümpelns zu entdecken. Oder haben Sie dabei auch an Ihre Zeitplanung, Ihr Informations-Management oder Ihre Freunde, Verwandten und Familie gedacht?

Nervende Kollegen, quengelnde Kinder und heimliche Zeitdiebe können Sie zwar nicht mit dem Sperrmüll entsorgen – aber Sie können sie durchaus davon abhalten, Ihnen nicht nur den letzten Nerv, sondern auch Ihre kostbare Zeit zu rauben. Daher finden Sie in diesem Buch Kapitel zu allen Bereichen des Lebens, in denen Entrümpeln für mehr Lebensqualität und Lebensfreude sorgt:

- Wie Sie Haus und Garten von unnötigem Ballast befreien
- Wie Sie Informationsfluten in geordnete Bahnen lenken
- Warum nicht nur Manager von Zeitmanagement profitieren
- Wie Sie ein unbeschwertes Arbeitsklima schaffen
- Wie Sie Ihre sozialen Beziehungen vereinfachen
- Wie Sie sich im Dschungel der Gesundheits-Tipps zurechtfinden und psychischen Ballast abwerfen

Weniger ist mehr: die Entrümpelungsidee

»Weniger ist mehr«: Dieser Grundsatz scheint auf den ersten Blick nicht recht zu unserer modernen Überfluss-Gesellschaft zu passen. Deren offizielles Motto lautet vielmehr »Höher, schneller, weiter« – oder in einfacheren Worten ausgedrückt: »mehr, mehr, mehr«. Die »Immer-mehr«-Strategie bringt aber auch immer mehr Probleme mit sich. Immer mehr Menschen verbrauchen immer mehr Energie, sie produzieren immer mehr Müll, und nicht zuletzt besitzen sie immer mehr Dinge, die irgendwo untergebracht werden wollen, und verbringen immer mehr Zeit damit, so viel Geld wie möglich zu erarbeiten.

Das Glück ist das einzige, was dabei leider nicht vermehrt wird. Untersuchungen haben ergeben, dass die Menschen in den reichsten Ländern der Welt nicht wesentlich glücklicher sind als die Bevölkerung von Ländern, die die größten wirtschaftlichen Schwierigkeiten gerade überwunden haben. Sobald alle Grundbedürfnisse gestillt sind, macht es für das persönliche Glücksempfinden keinen nennenswerten Unterschied mehr, ob wir in einem normalen Einfamilienhaus oder einer Villa mit zehn Bädern leben.

Warum Überfluss nicht glücklich macht

Sicher hat es seine Vorteile, wenn man sich jederzeit all seine Wünsche erfüllen kann, aber es macht nicht automatisch glücklich, und leichter wird das Leben dadurch auch nicht gerade. Viel Besitz bringt auch viel Arbeit mit sich, denn er will verwaltet und organisiert werden. Und auch wenn man diese Aufgaben in andere Hände legt, bleibt immer noch die Sorge, ob alles gut abgesichert ist und man seinen Lebensstandard auf Dauer halten kann.

Unser Leben ist heute viel komplizierter, als es noch bei unseren Großeltern der Fall war. Dies ist einer der Gründe dafür, dass viele Menschen keine wirkliche Zufriedenheit in ihrem Leben finden – sie fühlen sich durch die Komplexität des Lebens ohnmächtig und letztlich unglücklich. Die einfachste Methode, solche Ohnmachtsgefühle zu bannen, ist die »Weniger-ist-mehr«-Strategie. Indem wir uns auf das Wesentliche konzentrieren, können wir unser Leben leichter organisieren, seine schönen Seiten auskosten und wahres Glück und Zufriedenheit finden.

So profitieren Sie vom Entrümpeln

Falls Sie das Entrümpeln bisher vor sich her geschoben haben, weil es mit erschreckend viel Arbeit verbunden zu sein scheint, sollten Sie sich zunächst einmal mit seinen Vorteilen vertraut machen. Viele Menschen denken beim Entrümpeln nicht viel weiter als bis zu dem Moment, in dem sie den Deckel der Mülltonne über dem aussortierten Müll zuklappen. Dabei beginnen die positiven Auswirkungen des Entrümpelns eigentlich erst an diesem Punkt. Eine Entrümpelungsaktion hat schon so manchen im Chaos versunkenen Haushalt wieder in ein wohnliches Heim verwandelt. Aber umfassendes Entrümpeln wirkt sich vor allem auf seine Bewohner aus.

Kennen Sie das befreite, leichte Gefühl, das sich immer dann einstellt, wenn Sie eine lästige oder anstrengende Aufgabe endlich erledigt haben? Wer sich regelmäßig mit dem Entrümpeln beschäftigt, erlebt dieses Gefühl nicht nur direkt im Anschluss an das vollbrachte Werk, sondern erfährt die befreiende Wirkung des Ballastabwerfens in seinem gesamten Alltag, wenn endlich genug Zeit und Platz für die schönen Dinge des Lebens ist.

Entrümpeln macht das Leben leichter

Vergessen Sie alle Vorstellungen davon, dass Entrümpeln viel Arbeit, Nachdenken oder Zeit erfordert. Wenn Sie die Idee des Entrümpelns in Ihr Leben integrieren, werden Sie nach einer Weile feststellen, dass gar keine umfangreichen Entrümpelungsaktionen mehr nötig sind – und Ihr Leben trotzdem unkomplizierter, überschaubarer und einfach leichter wird.

Mit dem überflüssigen Gerümpel verschwindet auch vieles, was Ihr Leben bisher belastet hat. Anstatt mit der »Immer-mehr«-Strategie letztlich unerfüllbaren Wunschträumen hinterherzuhetzen, können Sie durch die »Weniger-ist-mehr«-Philosophie das auskosten, was Sie schon erreicht haben und was Ihnen wirklich wichtig ist. Oft bemerken wir in all dem Überfluss, der unser Leben ausfüllt, gar nicht mehr, welche Schätze wir schon gefunden haben und wie glücklich wir eigentlich sein könnten. Wer mit der Entrümpelungsstrategie Ordnung in sein Leben bringt und sich von überflüssigen Lasten befreit, wird jedoch schnell feststellen, wie schön und lebenswert sein Leben eigentlich schon ist.

Ganz praktisch: die Vorteile des Entrümpelns

Entrümpeln macht das Leben leichter – und es bringt eine ganze Reihe praktischer Vorteile mit sich:

- Entrümpeln schafft Platz. Ganz klar: wer sich von überschüssigem Gerümpel befreit, hat schnell wieder viel Platz in allen Räumen. Und im Kleiderschrank, im Bücherregal, im Schuhschrank – ja sogar in seinem Terminkalender. Für viele Menschen ist allein dies schon Grund genug, zu entrümpeln, denn wer hat nicht gelegentlich ein Platzproblem?
- Entrümpeln spart Geld. Auch wer sein Gerümpel nicht gewinnbringend auf dem Flohmarkt entsorgt, kann sich über finanzielle Vorteile freuen. Gerümpel anzuhäufen kostet nämlich auf Dauer eine Menge Geld: für eine größere Wohnung oder einen Lagerraum, für praktische Möbel und Kisten zur Aufbewahrung sowie für Pflege und Wartung. Und nicht zuletzt beim Umzug: Wenn sich erst beim Auspacken herausstellt, dass in der Hälfte der Kartons eigentlich unnützer Kram ist, freut sich darüber höchstens die Umzugsfirma.

- Entrümpeln sorgt für Überblick. Wer regelmäßig etwas Zeit ins Entrümpeln investiert, spart sich langwierige Suchaktionen nach verlegten Kontoauszügen, Ohrringen oder Bedienungsanleitungen – weil er genau weiß, wo er sie verstaut hat. Die meisten Menschen empfinden es als sehr beruhigend, stets den Überblick über alle wichtigen Angelegenheiten zu behalten. Genauso angenehm ist es, wenn man in den eigenen vier Wänden den Überblick behält und nicht nur ungefähr weiß, in welchem Zimmer ein wichtiges Dokument liegen müsste, sondern es mit einem Griff in der Hand hat. Auch unliebsame Überraschungen wie vergessene Rechnungen, schimmeliger Käse in der hintersten Kühlschrankecke oder peinliche Fotos im Familienalbum können so elegant vermieden werden.
- Entrümpeln spart Zeit. Sogar ein Terminkalender kann entrümpelt werden – und wenn man keinen hat, ist etwas Zeitmanagement erst recht hilfreich. Nebenbei sparen Sie natürlich auch die Zeit, die Sie bisher damit verbracht haben, vermisste Dinge zu suchen und überfüllte Zimmer und Schränke aus- und wieder einzuräumen.

Warum Entrümpeln auch den Geist befreit

Wussten Sie, dass all die Dinge, die Sie besitzen und in Ihrer Umgebung ansammeln, stets einen winzigen Teil Ihrer Aufmerksamkeit in Anspruch nehmen? Ihre alten Schulzeugnisse, die einzelne Socke unter dem Sofa oder der Abschiedsbrief einer verflossenen Liebe mögen zwar nicht ständig in Ihren Gedanken präsent sein, aber sie besetzen Ihr Unterbewusstsein und erinnern Sie hartnäckig immer wieder daran, dass Sie den Dachboden aufräumen, die zweite Socke suchen oder alte Liebesbriefe vernichten wollten, bevor Ihr neuer Schatz sie findet.

Daher hat das Entrümpeln auch auf geistiger Ebene eine zutiefst befreiende Wirkung, denn all die Dinge, die wir entsorgen und als endgültig erledigt betrachten, verschwinden nach und nach auch aus unserem Unterbewusstsein. Dies bedeutet nicht, dass Sie Ihre Schulzeit vergessen oder die Erinnerung an liebe Menschen völlig aufgeben sollen. Viele überflüssige oder sogar unangenehme Erinnerungen können Sie jedoch am einfachsten aus Ihren Gedanken verbannen, indem Sie das dazugehörige Gerümpel entsorgen.

Entrümpeln schont die Nerven

Sorgen, Ängste und negative Gedanken rauben viel Kraft und Lebensfreude – sie sind das klassische Gerümpel auf geistiger Ebene. Sich davon zu befreien ist nicht immer leicht, aber mit den richtigen Entrümpelungsstrategien können Sie vieles davon in den Griff bekommen und loslassen.

Oft machen wir uns nur allzu viele Gedanken über Dinge, die wir sowieso nicht ändern können, oder ärgern uns tagelang über etwas, das schon längst der Vergangenheit angehört. Entrümpeln auf geistiger Ebene bedeutet, zu mehr Gelassenheit und einer positiveren Weltsicht zu gelangen und sich nicht länger mit geistigem und emotionalem Ballast zu beschweren.

Ziel des Entrümpelns ist es, nicht nur Ihren Keller aufzuräumen, sondern Ihr gesamtes Leben einfacher und überschaubarer zu gestalten. Wer Prioritäten setzt und sich auf das konzentriert, was ihm wirklich wichtig ist, muss sich viel seltener mit Stress und Hektik herumschlagen. Und je besser Ihnen das gelingt, desto entspannter und zufriedener werden Sie sich fühlen.

Loslassen und leben

Sicher ist Ihnen inzwischen schon das eine oder andere eingefallen, was Sie in Ihrem Leben entrümpeln könnten. Vermutlich gehören dazu sogar viele Dinge, die eigentlich schon lange auf Ihrer inneren »Zu-erledigen«- Liste stehen: die Abstellkammer aufräumen, alte Zeitschriften aussortieren, Steuerbelege sortieren oder auch nur die Winterkleidung wegpacken, weil der Sommer vor der Tür steht. Gibt es auf Ihrer Liste auch Aufgaben, die schon seit Wochen auf ihre Erledigung warten? Dann sind Sie mit Sicherheit ein Opfer Ihres inneren Schweinehundes geworden.

Falls Sie noch gar nicht wussten, dass Sie solch ein gar nicht niedliches Haustier beherbergen, braucht Sie das nicht zu beunruhigen – einen inneren Schweinehund hat praktisch jeder. Hinter dem einprägsamen Begriff verbirgt sich der Teil von uns, der uns immer wieder daran hindert, gute Vorsätze und Pläne auch wirklich in die Tat umzusetzen.

Der Kampf mit dem inneren Schweinehund

Irgendwie passiert es selbst dem Fleißigsten doch immer mal wieder, dass lästige Arbeiten liegenbleiben und die Faulheit über die besten Vorsätze siegt. Das Entrümpeln ist zu Beginn besonders anfällig für solche Attacken des inneren Schweinehundes. Denn immerhin haben wir alle schon im zarten Kindesalter genug Gelegenheit gehabt, eine Abneigung gegen das lästige Zimmeraufräumen und Ordnunghalten zu entwickeln. Oft schafft es der innere Schweinehund sehr geschickt, uns mit allen zur Verfügung stehenden Mitteln vom Entrümpeln abzuhalten. Er versorgt uns mit Ausreden (»ich habe doch noch etwas anderes zu tun«), schreckt uns ab (»alles viel zu anstrengend«), erinnert uns daran, dass wir Aufräumen schon immer gehasst haben und dass das Chaos schließlich kreativ ist (was übrigens nicht stimmt), und zu guter Letzt verlockt er uns zu einer kleinen Denkpause auf der bequemen Couch – und das Entrümpeln ist für heute mal wieder gestorben.

Alles eine Frage der Motivation

Falls auch Sie immer wieder unter den Einflüsterungen eines inneren Schweinehundes leiden und sich bisher einfach nicht dazu aufraffen konnten, das Chaos in Ihrem Leben endlich in Angriff zu nehmen, habe ich eine gute Nachricht für Sie: Es ist alles bei weitem nicht so schwierig, wie es zunächst scheint. Oft besteht der anstrengendste Teil beim Entrümpeln darin, endlich einmal damit anzufangen. Wenn Sie erst einmal dabei sind und sogar erste Erfolge erkennen können, geht es fast schon wie von selbst weiter, denn die erprobten Entrümpelungsstrategien in diesem Buch helfen Ihnen dabei, sich die Arbeit so einfach wie nur möglich zu machen.

Um den ersten Schritt in ein leichtes, ballastfreies Leben zu tun, brauchen Sie also vor allem eins: die richtige Motivation. Wer sich nur widerwillig zum Entrümpeln entschließt, weil der Keller überquillt oder der Partner dazu drängt, wird wesentlich länger brauchen, um wirklich Spaß an der Sache zu finden.

Um sich wirklich fürs Entrümpeln zu motivieren, brauchen Sie nur ein wenig Vorstellungskraft, die Sie in zwei Schritten einsetzen:

1. Stellen Sie sich vor, welch unangenehme Folgen es haben wird, wenn Sie das Chaos weiter wachsen lassen und es irgendwann überhand nimmt: Ihr Zuhause wird in Unordnung und Bergen von Gerümpel versinken, Sie verlieren den Überblick über wichtige Unterlagen, Termine und Pläne, haben keine Zeit mehr für Ihr liebstes Hobby ... Malen Sie sich alle möglichen Folgen des zunehmenden Chaos in Ihrem Leben in möglichst scheußlichen Farben aus.

2. Gleich im Anschluss stellen Sie sich vor, wie angenehm Ihr Leben sein wird, wenn Sie es endlich entrümpelt haben: Sie können guten Gewissens ein neues Kleid oder neue Schuhe kaufen, weil endlich wieder Platz im Schrank ist. Egal, was Sie suchen, Sie halten es nach spätestens fünf Minuten in Ihren Händen. Ihr Zuhause ist wunderschön und wohnlich, und Sie haben genug Zeit, diesen Zustand ausgiebig mit Freunden und Familie zu genießen. Kurz gesagt: Sie fühlen sich pudelwohl, weil Ihr Leben viel einfacher und angenehmer als früher ist.

Chaos außen – Chaos innen?

Ihnen fehlen trotz allem noch die richtigen Gründe fürs Entrümpeln? Das Chaos in Ihrem Wohn- oder Arbeitszimmer hat Sie noch nie so sehr gestört, dass Sie sich davon wirklich zum Entrümpeln motiviert fühlten? Dann interessieren Sie vielleicht die Zusammenhänge zwischen dem Chaos in unserer Umgebung und unserem Innenleben, denn diese beiden Quellen der Unordnung sind enger miteinander verknüpft, als viele von Ihnen wahrscheinlich denken.

Nicht nur Esoteriker weisen gerne auf die Verbindung zwischen Mikrokosmos und Makrokosmos hin, die es erlauben soll, aus Tarot-Karten oder dem Lauf der Sterne am Firmament auf das Leben eines Menschen, die Entwicklung eines Projekts oder auch das Wetter von morgen zu schließen. Diese Vorstellung basiert auf der Theorie, dass alles im Universum miteinander verbunden ist und die Vorgänge einer bestimmten Ebene sich auf anderen Ebenen widerspiegeln. In der Psychologie sind solche Zusammenhänge auf einer leichter nachvollziehbaren Ebene ebenfalls bekannt, nämlich in der Beziehung zwischen einem Menschen und dem Umfeld, das er sich schafft.

Auf diesen Zusammenhängen beruht auch der Mythos des exzentrischen Genies, das in seinem Arbeitszimmer ein »kreatives Chaos« schafft und daraus die erstaunlichsten Ideen und Inspirationen bezieht. In der Realität sind solche Genies aber doch eher selten anzutreffen – die meisten »genialen« Leistungen beruhen auf gut geplanten Vorarbeiten und wohlorganisiertem Teamwork. Auch bei Künstlern steckt hinter dem vermeintlichen Chaos oft viel mehr System, als auf den ersten Blick zu vermuten ist, und als Schriftstellerin kann ich Ihnen versichern, dass es kaum etwas unkreativeres gibt, als einen Notizzettel mit einer genialen Idee oder wichtiges Recherche-Material verzweifelt unter hohen Papierbergen zu suchen.

Ein chaotischer Raum lässt normalerweise eher darauf schließen, dass sein Bewohner auch innerlich nicht mit sich im Reinen ist. Chaos und Gerümpel machen sich oft genau in den Lebensphasen in unserer Umgebung breit, in denen wir vor schwierigen Entscheidungen stehen, Sorgen oder Probleme überhand nehmen oder wichtige Veränderungen eine Neuorientierung erfordern.

Warum Teenagerzimmer das Chaos anziehen

Daher herrscht auch gerade in den Zimmern von Teenagern oft das sprichwörtliche Chaos, denn durch die Entwicklung vom Kind zum Erwachsenen befindet sich das ganze Leben im Umbruch. Die dazugehörigen inneren Konflikte zeigen sich deutlich in ihrer Umgebung – plötzlich hängt neben dem Pferdeposter der neueste Superstar an der Wand, der Kleiderschrank wird täglich auf der Suche nach dem coolsten Outfit ausgeleert, und überall sammeln sich die absurdesten Dinge an, weil man noch nicht weiß, was einem wichtig ist und dauerhaft gefällt.

Aufräumen und Ordnung halten ist in einer derart turbulenten Lebensphase eine wahre Sisyphosarbeit. Trotzdem ist es gerade deshalb wichtig, dem Chaos gelegentlich Einhalt zu bieten – aber nicht durch Vorhaltungen und Zwang, sondern indem man gemeinsam Schritt für Schritt Ordnung schafft. Viele scheinbar hoffnungslos chaotische Teenager sind sogar sehr glücklich darüber, wenn man ihnen in Ruhe und ohne Druck auszuüben Strategien zeigt, wie sie ihr Chaos – und damit auch ihr Leben – besser und einfacher in den Griff bekommen können.

Nehmen Sie Ihr Leben in die Hand

Gleichzeitig hat es gerade in chaotischen Lebensphasen aber oft eine sehr befreiende Wirkung, wenn man zuerst das konkrete, materielle Gerümpel in Angriff nimmt. Ich habe es schon oft erlebt, dass sich gerade beim Aufräumen des Schreibtischs die rettende Idee einstellt, die mir vorher einfach nicht in den Sinn kommen wollte, oder komplizierte Entscheidungen leichter fallen, wenn ich zuerst Ordnung in einen kleineren Lebensbereich bringe, indem ich einen Schrank oder auch nur eine einzelne Schublade aufräume.

Entrümpeln kann ein sehr deutliches Signal für uns selbst, aber auch für unsere Umgebung sein, dass wir unser Leben nun in die Hand nehmen wollen. Wenn Sie Ihr Leben verändern oder wichtige Pläne endlich in die Tat umsetzen wollen, aber keinen rechten Anfang dafür finden, lohnt es sich, zunächst einmal ganz gezielt zu entrümpeln. Das Entrümpeln wird Ihnen dabei helfen, Klarheit über Ihre Ziele und den Weg dorthin zu finden – und ein überschaubares, gut organisiertes Leben ist zusätzlich eine viel bessere Ausgangsbasis für jede weiterführende Veränderung.

Gewusst wie: die Grundlagen

Entrümpeln kann überraschend einfach sein – aber wenn die Fähigkeit dazu uns allen schon in die Wiege gelegt worden wäre, würde es kaum so vielen Leuten so schwer fallen, ihr Leben einfach, unkompliziert und ballastfrei zu organisieren. Damit das Entrümpeln wirklich leicht von der Hand geht (und dadurch auch wirklich Spaß machen kann), sind einige wichtige Strategien nötig – sonst könnte es passieren, dass Sie das Chaos und das Gerümpel doch nur immer wieder von einer Seite zur anderen schichten.

Haben Sie sich schon einmal gefragt, wie viele Dinge Sie eigentlich Ihr Eigen nennen? Es ist kaum übertrieben anzunehmen, dass jeder Europäer im Durchschnitt wohl mehrere Tausend Dinge besitzt – vom Kugelschreiber über den Kochtopf bis hin zu seinem Auto. Dazu zählen durchaus auch die Dinge, die schon lange im Keller darauf warten, auf den Sperrmüll zu wandern, oder der Papierkram, der ständig mit der Post in unser Haus geflattert kommt und irgendwo liegen gelassen wird.

Was glauben Sie, wie viele von diesen Dingen Sie wirklich zum Leben brauchen? Auch wenn Sie nicht gerade wie ein Mönch leben oder schon eine umfangreiche Entrümpelungsaktion hinter sich haben, vermutlich nicht mehr als die Hälfte. Dazu kommen vielleicht noch einige liebgewordene Erinnerungsstücke, von denen Sie sich auf keinen Fall trennen möchten, aber selbst dann bleibt noch jede Menge Potenzial zum Entrümpeln. Der erste Schritt in ein ballastfreies Leben besteht darin, sich von all dem unnützen materiellen Gerümpel zu trennen, das nicht nur unser Zuhause verstopft, sondern uns auch immer wieder viel Arbeit macht. Danach müssen Sie nur noch all das, was Sie behalten möchten, so ordnen und aufräumen, dass Sie problemlos den Überblick darüber bewahren können und neues Gerümpel erst gar keine Chance hat, sich wieder anzusammeln – und das ist ganz leicht, weil Sie nach dem Aussortieren viel mehr Platz haben werden als zuvor.

Gerümpel erkennen

Die meisten Menschen denken beim Begriff »Gerümpel« zuerst an alte, kaputte Möbel, die den Dachboden versperren und anderes unbrauchbares Zeug, das nur noch auf den Abtransport durch die Müllabfuhr wartet. Damit haben sie ganz recht – und es ist erstaunlich, wie viel Müll dieser Art (denn um nichts anderes handelt es sich dabei) monatelang in vielen Kellern, Schuppen und natürlich auch auf Dachböden vergammelt.

Zum Gerümpel zählen aber auch viele andere Dinge, die auf den ersten Blick manchmal gar nicht danach aussehen. Wenn Sie sich auf die Suche nach verstecktem Gerümpel machen, sollten Sie daher immer auch nach folgenden Dingen Ausschau halten:

- Dinge, die Sie nicht mögen und niemals benutzen. Diese haben oft schon den Weg in Abstellkammer oder Keller gefunden, verbergen sich aber auch gerne in Küchen- oder Kleiderschränken. In diese Kategorie von Gerümpel fallen auch alle Dinge, die Sie in den letzen zwei Jahren nicht benutzt haben und die keinen besonderen Erinnerungswert besitzen.

- Dinge, die nicht zu Ende gebracht wurden. Reparaturen, Bastelarbeiten, ein Hemd mit fehlenden Knöpfen oder ausgeschnittene Kreuzworträtsel aus der Wochenzeitung: Alles, was eigentlich schnell zu erledigen ist, aber schon mehr als sechs Monate lang herumliegt, werden Sie auch in absehbarer Zeit nicht mehr in die Hand nehmen.
- Dinge, die immer in Unordnung oder auf viel zu engem Raum untergebracht sind. Sicher zählt nicht jedes Teil in Ihrem Kleiderschrank zum Gerümpel, aber wenn der Schrank eine angemessene Größe hat und trotzdem ständig überquillt, verbergen sich darin garantiert überflüssige Kleidungsstücke. Dasselbe gilt für Aktenschränke oder Küchenschubladen.
- Dinge, die keinen Platz finden. Die Bodenvase, die ständig irgendwo im Weg steht oder der Pullover, den jedes Familienmitglied so schnell wie möglich weiterreicht, passen ganz offensichtlich nicht in Ihren Haushalt.
- Dinge, die unangenehme Erinnerungen wecken, Ihnen immer wieder auf die Nerven gehen, oder für die Sie trotz intensivem Grübeln weder Verwendung noch Stauraum haben.

Aussortieren – mit vier Kisten zur Befreiung

Der erste Schritt beim Entrümpeln besteht darin, Gerümpel sicher zu erkennen. Der zweite Schritt, es so effektiv wie möglich auszusortieren. Die bekanntesten und wirkungsvollsten Sortierstrategien basieren auf der Verwendung von vier Kisten. Je nachdem, ob Sie Ihren Schreibtisch oder Ihren Kleiderschrank aussortieren, werden diese Kisten leicht unterschiedlich beschriftet. Im Wesentlichen beziehen sie sich aber auf die folgenden Kategorien:

- Müll: Alles, was endgültig entsorgt werden kann.
- Weitergeben: Alles, was Sie verschenken, verkaufen, zurückgeben, delegieren oder auf andere Weise schnell an jemand anderen weitergeben können.
- Einsortieren: Alles, was Sie behalten und gleich im Anschluss ans Aussortieren an seinen endgültigen Platz räumen werden.
- Sentimentales: Alles, woran Ihr Herz hängt, obwohl es sonst nicht den geringsten Grund gibt, es noch länger aufzuheben, sowie all das, was Sie auch nach fünfminütigem Grübeln noch in keine der anderen Kisten einsortieren können.

Die Kiste »Sentimentales« verdient besondere Beachtung. Legen Sie nichts hinein, ohne vorher ernsthaft zu versuchen, es in der Müll- oder Weitergeben-Kiste unterzubringen. Am besten sortieren Sie diese Kiste am Ende noch einmal – beim zweiten Versuch fällt es schon leichter, sich von dem einen oder anderen unnützen Gegenstand doch noch zu trennen.

Auch bei der Kiste »Weiterleiten« gibt es etwas zu beachten: Nicht wenige Menschen horten genau deshalb Unmengen an Gerümpel, weil sie es »irgendwann einmal« auf dem Flohmarkt verkaufen oder spenden wollen. Setzen Sie sich daher unbedingt ein Zeitlimit für das Weitergeben dieser Dinge – was in einer Woche (spätestens in einem Monat) immer noch da ist, wandert weiter in den Müll.

Kisten sind zum Aussortieren besonders praktisch, weil Sie leicht den Überblick über deren Inhalt bewahren. Lassen Sie sich aber nicht vom Aussortieren abhalten, weil Sie gerade keine Kisten zur Hand haben: Notfalls können Sie auch einfach vier Felder auf einem Tisch oder dem Fußboden dafür unterteilen.

Bleiben Sie konsequent

Manchmal fällt das Aussortieren wirklich nicht leicht. Schließlich haben wir bei vielen Dingen irgendwann einmal einen mehr oder weniger guten Grund gehabt, um sie an uns zu nehmen. Besonders bei Geschenken kann das Loslassen schwierig sein, denn in vielen Fällen kommen sie ja von einem lieben Menschen, den man durch das Aufbewahren des Geschenks in Ehren halten will. Auf diese Weise sammeln sich selbst in den modernsten Haushalten handgehäkelte Eierwärmer von Großmutti, mit Monogrammen bestickte Handtücher oder pinguinförmige Salzstreuer in versteckten Ecken.

Solche Dinge sollten beim Aussortieren zumindest in der Kiste »Sentimentales« landen, um zu sehen, ob man sich im zweiten Durchgang nicht doch von ihnen trennen kann. Falls nicht, empfiehlt es sich, sie ordentlich eingepackt in einer Andenken-Kiste im Keller zu lagern. Nach sechs Monaten werden sie erneut aussortiert, bis im Idealfall nur noch wenige besonders schöne Stücke übrig bleiben, die dann als das aufbewahrt werden können, was sie wirklich sind: Erinnerungsstücke an besonders liebe Menschen.

Qualität statt Quantität – das Motto aller Entrümpelungsprofis

Haben Sie beim Entrümpeln festgestellt, dass Ihre Küchenschublade drei Knoblauchpressen beherbergt und auf Ihrem Schreibtisch gleich mehrere Locher auf ihre Benutzung warten? Dann sind Sie vermutlich auch ein Opfer des »Irgendwann-werde-ich-das-sicher-einmal-brauchen-können«-Syndroms. Oft werden wir durch scheinbar günstige Angebote dazu verleitet, uns Dinge zu kaufen, die in irgendeiner fernen Zukunft einmal nützlich sein könnten.

Entrümpelungsprofis wissen, dass sie alle Dinge am besten erst dann kaufen, wenn sie sie wirklich benötigen – so sparen sie viel Platz, Aufwand und sogar eine Menge Geld, wenn sich herausstellt, dass sie sie in Wirklichkeit niemals brauchen. Aber vor allem achten sie darauf, lieber in Qualität als in Quantität zu investieren. Hochwertige Utensilien können Sie meist viel länger benutzen als die billige Kopie aus dem Discounter, und letztlich zahlen Sie dafür weniger, als wenn Sie immer wieder neuen, billigen Ersatz nachkaufen müssten.

Keine Scheu vor dem Aufräumen

Aussortieren ist wichtig – aber zum perfektem Entrümpeln muss es unbedingt mit gekonntem Aufräumen kombiniert werden. Denn sogar wenn man sich nur auf die allernotwendigsten Besitztümer beschränkt, wird unweigerlich das Chaos Einzug halten, wenn die verbleibenden Dinge nicht ordentlich aufgeräumt werden.

Verstehen Sie dies nicht falsch: Das Ziel der Entrümpelungsstrategie ist keinesfalls, Ihrem Zuhause eine sterile absolute Ordnung aufzuzwingen oder dafür zu sorgen, dass es jederzeit aussieht wie auf einem Foto im Möbelkatalog. Ein lebendiges Zuhause, in dem sich alle Bewohner auch wirklich wohl fühlen können, wird immer in Bewegung sein, denn schließlich ist es voller nützlicher Dinge, die immer wieder hervorgeholt und verwendet werden. Wichtig ist nur, dass trotzdem alle Dinge danach wieder an ihrem Platz verstaut werden. Wer die Entrümpelungsstrategie konsequent verfolgt, wird dieses Aufräumen allerdings schon bald ganz automatisch erledigen, wenn er erkennt, was für eine befreiende Wirkung die Ordnung auf sein gesamtes Leben hat.

Jedes Ding an seinen Platz

Der Trick, der das Aufräumen zu einem Kinderspiel werden lässt, ist eigentlich ganz einfach: Sie müssen nur jedem Gegenstand seinen festen Platz zuweisen und es immer nach Gebrauch so schnell wie möglich dorthin zurücklegen. Je genauer dieser Platz definiert ist und je leichter sie ihn erreichen, desto leichter wird Ihnen auch das Aufräumen fallen.

Wenn Sie mit dem Aussortieren fertig sind, geben Sie also all den Dingen, die Sie behalten wollen, einen festen Platz (das sollte nicht schwer sein, denn Sie haben ja gerade viel Platz geschaffen). Je öfter Sie etwas brauchen, desto leichter muss dieser Platz erreichbar sein. Außerdem sollte er logisch nachvollziehbar sein, damit Sie ihn sich leicht einprägen können: Küchensachen in der Küche, Büromaterial am Arbeitsplatz, Bettwäsche im Schlafzimmer. Zusammengehörende Dinge bekommen benachbarte Plätze: alle Schuhe in einem Schrank, alle Backzutaten in einer Schublade. Definieren Sie den Platz außerdem so genau wie möglich: Anzüge links auf der Kleiderstange, Büroklammern vorne rechts in der Schreibtischschublade.

Los geht's! Entrümpeln Sie Ihr Zuhause!

Nun geht es von der Theorie in die Praxis: In diesem und den folgenden Kapiteln finden Sie viele praktische und erprobte Tipps und Strategien, mit denen Sie Ihr Leben von unnötigem Ballast befreien können. Natürlich müssen Sie nicht Seite für Seite jedes Kapitel abhaken, bevor Sie sich dem nächsten Thema zuwenden – Sie können sich ganz nach Bedarf die passende Idee für Ihr aktuelles Entrümpelungsprojekt herauspicken. Wenn Sie genügend Zeit und Lust dazu haben, möchte ich Ihnen trotzdem empfehlen, sich von der Reihenfolge der Kapitel zu einer Entrümpelungsreise durch Ihr Leben inspirieren zu lassen. Sie wird Sie von dem ganz alltäglichen, äußerlichen Gerümpel in Ihrer Umgebung immer weiter nach innen und zu sich selbst führen. Dies ermöglicht Ihnen viele interessante Entdeckungen – und führt dazu, dass Sie Ihr Leben wirklich von Grund auf vereinfachen.

Krimskrams & Andenken

Einer der Dauerbrenner beim Entrümpeln sind der viele Krimskrams sowie die Andenken und Erinnerungsstücke, die sich im Laufe der Zeit in unserem Zuhause ansammeln. Ein Mitbringsel hier, ein Souvenir da – in manchen Haushalten sind sämtliche horizontalen Flächen und etliche Schrankfächer voll davon. Damit dies bei Ihnen nicht passiert, sollten Sie all die hübschen, dekorativen Dinge, die keinen wirklichen Zweck erfüllen, beherzt aussortieren: Bewahren Sie als Erinnerung an einen lieben Menschen oder eine Reise jeweils nur ein wirklich schönes Stück auf – es macht die Erinnerung viel wertvoller als eine unübersichtliche Menge an Krimskrams. Bevorzugen Sie als Andenken Fotos oder Zeichnungen, da sie weniger Platz brauchen und viel persönlicher sind als Souvenirs und Geschenkartikel, und sortieren Sie sie in ein praktisches Album ein.

Wenn Sie Ihre Wohnung dekorieren oder etwas sammeln, wählen Sie lieber wenige, aber dafür besonders schöne Stücke. In einer kleinen Wandvitrine bleiben sie länger schön und machen viel weniger Arbeit beim Abstauben.

Berge von Papier

Ob Hausfrau oder Selbstständiger: auch im Zeitalter von Computer und Co. werden wir regelmäßig mit Unmengen von Papierkram überschwemmt. Briefe, Rechnungen, Werbung, Gebrauchsanleitungen, Garantiescheine und vieles mehr sorgen dafür, dass sich auf Schreibtischen, in Regalen und in Schubläden im Laufe der Zeit immer unübersichtlichere Papierberge anhäufen. Um sie in den Griff zu bekommen, ist konsequentes Aussortieren angesagt.

Trennen Sie sich dabei als erstes von unnützem, altem Papierkram wie alten Katalogen, Gutscheinen und Kalendern, abgelaufenen Garantiescheinen und Gebrauchsanleitungen von Geräten, die Sie nicht mehr haben sowie Notizen, die nicht mehr gebraucht werden. Weiterhin in den Müll wandert Werbung von Geschäften, in denen Sie nie einkaufen oder für Produkte, die Sie nicht interessieren oder brauchen, alte Briefe oder Postkarten ohne besonderen Erinnerungswert, alte Schulhefte und Studienunterlagen, und nicht zuletzt alte Steuerunterlagen (fragen Sie beim Finanzamt vorher nach vorgeschriebenen Aufbewahrungsfristen).

Beim Sortieren von Papierbergen hat sich das Vier-Kisten-System besonders bewährt, und zwar in folgender Variante:

❧ Müll: Alles, was Sie nach der Liste links aussortiert haben.

❧ Zu Erledigen: Zu beantwortende Briefe, zu bezahlende Rechnungen, Formulare, die Sie ausfüllen müssen, Einkaufszettel, Notizen für Telefonate oder Bestellungen usw. Als Zeitlimit höchstens eine Woche setzen.

❧ Ablegen: Alles, was Sie aufbewahren müssen und erledigt haben.

❧ Sentimentales: Fotos, Kinderzeichnungen oder Briefe mit persönlichem Erinnerungswert. Danach noch mal aussortieren und nur die wirklich schönen und besonderen Stücke behalten, an denen Sie sich immer wieder freuen.

Wichtig ist, den Inhalt der »Ablegen«-Kiste nun umgehend aufzuräumen und die »Zu-erledigen«-Kiste zügig abzuarbeiten. Um neue Papierberge zu verhindern, hilft nur eins: Sobald Sie ein Blatt Papier in die Hand bekommen, kümmern Sie sich sofort darum – es wandert in den Müll, wird bearbeitet (Telefonate, Zahlungen, ...) und/oder sofort dort abgelegt, wo es hingehört.

Papiere gekonnt ablegen

Die schlechteste Methode, Papiere endgültig abzulegen, wird leider immer noch in unzähligen Haushalten praktiziert: der unübersichtliche Stapel. Ob auf dem Tisch oder in einer Schublade, ein Papierstapel ist die beste Garantie dafür, wichtige Unterlagen niemals dann zu finden, wenn man sie am dringendsten braucht.

Es lohnt sich aber, Zeugnisse, Verträge, Versicherungsunterlagen, Steuerbescheide, Rechnungen und alle anderen wichtige Unterlagen in aussagekräftig beschrifteten Ordnern ordentlich sortiert aufzubewahren. So können Sie mit einem Griff alles finden und müssen sich nie wieder verzweifelt durch unübersichtliche Papierstapel wühlen. Bewährt haben sich zum Beispiel Ordner für die folgenden Kategorien: Ausbildung, Arbeit, Finanzen, Versicherungen, Rechnungen. Sie können mit Einlegeregistern weiter unterteilt werden, zum Beispiel nach Kranken-, Haftpflicht-, Hausrat-, KfZ-Versicherung. Achten Sie darauf, die Unterlagen außerdem chronologisch abzuheften. Das erleichtert den Überblick, und veraltete Unterlagen können so leicht aussortiert werden.

Anstelle von Ordnern können auch Hängeregister, Registermappen oder professionelle Ablagesysteme beim Aufbewahren gute Dienste leisten. Wichtig ist allerdings, dass das System anpassungsfähig und übersichtlich ist, und dass die Papiere nicht aus Versehen herausrutschen und in einem wilden Durcheinander auf dem Fußboden landen – sonst stehen Sie schnell vor einem neuen Berg an Sortierarbeit.

Der Umgang mit dem lästigen Papierkram ist nicht jedermanns Sache, aber mit etwas Übung macht ein ordentliches Ablagesystem wesentlich weniger Arbeit als eine unübersichtliche Zettelsammlung. Oft hilft es auch schon, sich die Sache mit ein paar kleinen Tricks zu versüßen: Das Abheften macht wesentlich mehr Spaß, wenn Sie sich Ordner in Ihrer Lieblingsfarbe statt im langweiligem Behördengrau besorgen und Ihr Ablagesystem kreativ verschönern (es sollte dabei aber stets übersichtlich bleiben) – dann können die Ordner sogar im Bücherregal eine gute Figur machen.

Noch mehr Papier: Zeitungen, Zeitschriften & Bücher

Beim Thema Papierberge dürfen deren größte Verursacher natürlich nicht vergessen werden: Zeitungen und Zeitschriften, und manchmal sogar Bücher. Bücher verursachen zum Glück nicht allzu viel Chaos, wenn sie ordentlich im Regal stehen. Sehen Sie Ihre Bücherregale trotzdem gelegentlich nach Werken durch, die überholt sind (zum Beispiel Uralt-Reiseführer oder -Steuerratgeber) oder die Sie sicher nicht mehr lesen, und sortieren Sie sie aus – so haben Sie stets Platz für neue Lieblingsbücher.

Bücherliebhaber werden nun gequält aufstöhnen, denn viele von ihnen besitzen ohne Zweifel eine Menge Bücher, von denen sie sich nur im äußersten Notfall trennen würden. Darüber hinaus finden sich in fast jedem Bücherregal aber auch viele Bücher, die als Geschenk oder Spontankauf hineingerieten oder Überbleibsel aus früheren Zeiten sind, und deren Themen Sie früher viel stärker interessierten als heute. Benutzen Sie diese einfach als Platzhalter. Wenn ein neues Buch einen Platz benötigt, suchen Sie unter ihnen immer ein anderes, das Sie ohne Bedauern weiterverschenken können.

Zeitungen und Zeitschriften sind – vor allem im Abo – ein viel größerer Gerümpelfaktor. Sie erfordern konsequentes Entsorgen. Werfen Sie Tageszeitungen spätestens nach zwei Tagen weg, egal ob gelesen oder nicht. Falls Sie später einen bestimmten Artikel suchen, können Sie ihn ebenso gut in der Bibliothek oder im Archiv der Zeitung finden. So bemerken Sie auch schnell, ob sich ein Abo wirklich lohnt, denn wer über die Hälfte der Ausgaben ungelesen entsorgt, ist besser dran, wenn er sich nur einzelne Exemplare kauft.

Zeitschriften sollten mindestens zwei Mal im Jahr aussortiert werden. Bewahren Sie sie in stabilen Stehsammlern auf, so behalten Sie am leichtesten den Überblick über Alter und Inhalt.

Legen Sie beim Lesen eine Schere bereit, um interessante Artikel gleich auszuschneiden. Auf diese Weise sparen Sie viel Platz, da Sie nur einzelne Seiten aufheben. Ein solches Artikelarchiv ist eigentlich nur sinnvoll, wenn die Ausschnitte sofort einsortiert werden. Aber es ist auch ein guter Trick, um wenigstens den Rest der Zeitung sofort mit gutem Gewissen zu entsorgen.

Aus den Augen, aus dem Sinn – Abstellkammern und Schubladen

Eine Abstellkammer in der Wohnung zu haben, ist der reinste Luxus. Man kann darin alles verstauen, was woanders keinen Platz findet oder einfach nicht hübsch anzusehen ist – und sie ist viel leichter zu erreichen als ein Kellerraum oder der Dachboden. Dementsprechend sehen die meisten Abstellkammern auch aus: früher oder später sammelt sich darin eine Menge Gerümpel, das eigentlich entsorgt, in den Keller gebracht, repariert oder einfach nur aufgeräumt gehört. Der erste Schritt beim Entrümpeln der Abstellkammer ist es daher, genau dies endlich einmal zu erledigen. Dadurch haben Sie dann auch erst wieder genug Platz, um die Abstellkammer wirklich betreten und entrümpeln zu können.

Damit die Abstellkammer nicht zur Gerümpelfalle wird, sollten Sie auch dort eine durchdachte Ordnung schaffen. Am leichtesten fällt dies, wenn Sie sie mit hohen Regalen ausstatten, um den gesamten Raum bis zur Decke nutzen zu können, und darin allen Dingen einen festen Platz zuweisen. Kartons und Kisten helfen dabei, auch Kleinteile platzsparend und griffbereit aufzubewahren. Achten Sie darauf, den

Fußboden so frei wie möglich zu halten, damit Sie jeden Winkel problemlos erreichen können. Mehr als der Staubsauger und vielleicht ein Wäscheständer hat dort nichts zu suchen. Besen, Walkingstöcke und ähnliches sind besser an einem Haken an einer freien Wand oder der Regalseite aufgehoben.

Einen ähnlichen Effekt wie Abstellkammern haben Schubladen. Da man den Inhalt nicht ständig vor Augen hat, macht sich dort schnell das Chaos breit. Meist fällt dies nicht einmal auf, bis sich die Schublade eines Tages nicht mehr öffnen oder schließen lässt. Gehen Sie Schubladen am besten eine nach der anderen an, denn das viele Kleinzeug darin kann das Entrümpeln länger als gedacht dauern lassen. Bewahren Sie danach in einer Schublade immer nur zusammengehörige Dinge auf, zum Beispiel Schreibgeräte, Küchenhelfer oder Werkzeug. Geben Sie jedem Ding seinen festen Platz in der Schublade, damit die Ordnung auch Bestand hat. Trennstege oder offene Schachteln helfen dabei und sorgen für einen schnellen Überblick.

Elektrogeräte und andere Platzfresser im Keller

Im Keller sammelt sich oft jahrelang unbemerkt allerlei Gerümpel an, und allein schon die schiere Menge hält viele Entrümpelungs-Willige lange davon ab, die Sache endlich in Angriff zu nehmen. Ein guter Trick: Sichern Sie sich die Hilfe guter Freunde. Zusammen geht alles einfach viel leichter und schneller, es macht mehr Spaß – und Ihre Freunde können Sie daran hindern, unnützen Kram aus sentimentalen Gründen wieder in den Keller zurückzustellen.

Befreien Sie Ihren Keller dann als erstes konsequent von offensichtlichem Gerümpel wie Elektrogeräten und Sportgeräten, die kaputt sind oder die Sie seit zwei Jahren nicht benutzt haben (und zwar mitsamt allem Zubehör). Dazu kommen alte oder beschädigte Möbel, alte Schuhe und alte Kleidung, vor allem, wenn sie zu klein sind und/oder schon muffig nach Keller riechen, und natürlich alles, was Sie eigentlich sowieso schon lange zum Sperrmüll geben wollten.

Geben Sie auch im Keller jedem Ding einen festen Platz, nutzen Sie den vorhandenen Raum mithilfe von Regalen vollständig aus, und verstauen Sie alle Dinge in aussagekräftig beschrifteten Kisten. Je leichter

Sie alles erreichen, desto einfacher können Sie Ordnung halten – stopfen Sie die Regale also nicht zu sehr voll.

Eine besondere Art von Gerümpel sind all die Dinge, die Sie freundlicherweise für andere Leute in Ihrem Keller untergestellt haben. Manche Menschen befreien sich von ihrem Gerümpel, indem sie es »nur für kurze Zeit« bei jemand anderem einlagern – und es danach bald völlig vergessen. Wenn Freunde, Nachbarn, Kinder oder Kollegen Ihren Keller als kostenlosen Lagerraum mitbenutzen, sollten Sie fest ausmachen, bis wann die Sachen spätestens wieder abgeholt werden. Wenn beim Entrümpeln solche Dinge auftauchen, klären Sie am besten sofort mit einem kurzen Anruf, ob sie gleich mitentsorgt werden können und wie lange sie sonst noch bei Ihnen liegen werden – denn obwohl es eigentlich nicht Ihr Gerümpel ist, liegt es eben doch in Ihrem Keller und wirkt sich als lästiger Ballast aus.

Den Kleiderschrank entrümpeln

Wenn alle Fächer nahtlos vollgestopft sind und auf Kleiderstangen nicht mindestens ein Viertel der Länge frei ist, wenn Sie alle Bügel auf eine Seite schieben, dann ist Ihr Kleiderschrank eindeutig überfüllt. Die Erfahrung zeigt, dass aus einem vollgestopften Kleiderschrank viel weniger Kleidungsstücke regelmäßig getragen werden als aus einem mäßig gefüllten Schrank – obwohl wesentlich mehr verschiedene Teile darin sind. Dies liegt vor allem daran, dass es in einem überfüllten Schrank viel schwieriger ist, den Überblick zu behalten und die Dinge dann auch zu finden. Gleichzeitig ist es aber auch ein Zeichen dafür, dass in überfüllten Schränken viel mehr Kleidung lagert, als eigentlich getragen wird.

Die meisten Menschen benutzen während der meisten Zeit nicht mehr als ein Viertel ihrer Kleidungsstücke. Wer nicht gerade wegen seines Berufs ständig wechselnde, neue Outfits benötigt, greift in schöner Regelmäßigkeit zu einigen wenigen Lieblingsstücken.

Um das Chaos im Kleiderschrank zu lichten, sollten Sie als erstes die Vier-Kisten-Methode anwenden und alles Überflüssige aussortieren:

❧ Altkleider: Hier hinein wandert alles, was schon lange beschädigt, unansehnlich oder untragbar ist – höchste Zeit, es wegzuwerfen!

❧ Weitergeben: Hier hinein kommt Kleidung, die zwar in Ordnung ist, aber von Ihnen nicht mehr getragen wird, weil sie zu klein, zu groß, aus der Mode oder einfach nicht Ihr Stil ist. Dazu legen Sie alles, was Sie seit zwei Jahren nicht mehr getragen haben – Sie werden es auch in Zukunft nicht öfter aus dem Schrank holen. Machen Sie sich und anderen eine Freude, indem Sie diese Dinge verschenken oder auf dem Flohmarkt oder im Secondhand-Laden verkaufen.

❧ Meine Garderobe: In diese Kiste kommen Ihre Lieblingsstücke und alles andere, was Sie regelmäßig tragen.

❧ Erinnerungsstücke: Ihr Hochzeitskleid oder die ersten Babyschuhe – solche Dinge wirft man natürlich nicht weg. Verstauen Sie sie ordentlich in einem Karton, beschriften Sie ihn und bringen Sie ihn im obersten Fach des Kleiderschranks unter, wo er nicht im Weg ist.

Im Anschluss daran nehmen Sie sich noch mal die Kleidungsstücke vor, die Sie im ersten Durchgang behalten haben. Breiten Sie alles auf dem Bett aus, probieren Sie es in Ruhe an, und achten Sie bei jedem Stück auf alle folgenden Punkte:

Passt es wirklich noch, und hat es einen guten Sitz? Schlecht sitzende Teile ziehen Sie automatisch selten an – trennen Sie sich davon! Stehen Ihnen die Farbe und der Schnitt? Eine objektive Freundin oder eine Stil-Beratung helfen dabei, alles Unvorteilhafte endlich auszusortieren. Haben Sie passende Teile zum Kombinieren? Selbst die schönste Bluse werden Sie kaum tragen, wenn sie zu nichts passt, und wegen einem Teil sollten Sie sich nicht neu einkleiden müssen. Achten Sie außerdem darauf, ob passende Schuhe, Taschen und andere Accessoires vorhanden sind.

Wenn Sie bei einzelnen Stücken unschlüssig sind, ob Sie sich wirklich von Ihnen trennen können, machen Sie einfach den Test: Verstauen Sie sie in einer Kiste im Keller oder auf dem Dachboden. Alles, was Sie nach einem Jahr kein einziges Mal vermisst haben, kann bedenkenlos entsorgt werden.

Schuhe, Taschen, Accessoires

Gerade unter Schuhen, Taschen und anderen Accessoires sammelt sich oft jede Menge Gerümpel an, weil wir fälschlicherweise annehmen, dass die einzelnen Teile doch kaum Platz wegnehmen. Dass sie es doch tun, zeigt sich erst, wenn einem beim Öffnen von Schränken oder Abstellkammern diese »Kleinteile« in einer schmerzhaften Lawine entgegenpoltern. Befreien Sie sich daher regelmäßig von Ballast wie zum Beispiel allem, was beschädigt ist und nicht spätestens in einer Woche zur Reparatur gebracht wird oder aus der Mode ist oder zu keinem Ihrer Outfits mehr passt. Auch Schuhe, die zu klein sind oder immer zu Blasen oder Schmerzen führen, zu kurze Gürtel, zu kleine oder zu große Taschen, Hüte, Sonnenbrillen und Modeschmuck, der nicht mehr modisch ist oder seit Monaten auf eine Reinigung wartet, nehmen nur unnötig Platz weg.

Zuletzt sollten Sie sich außerdem von allem trennen, das Sie niemals vor Ihrer großen Liebe oder Ihrer besten Freundin tragen würden – denn Sie werden es sicherlich auch sonst nicht gerne aus dem Schrank holen.

Möbel, die Platz wegnehmen

Sehen Sie sich nun einmal in Ihrem Zuhause um: Gibt es dort noch Wandflächen, vor denen kein Möbelstück steht? Oder können Sie die Zimmer nur auf streng festgelegten Pfaden durchschreiten, weil überall sonst Tische, Stühle, Sessel, Kommoden oder andere Möbel herumstehen? In letzterem Fall besitzen Sie nicht nur zu viele Dinge, sondern auch zu viele Möbel. Möbel sind an sich dazu da, andere Dinge in sich aufzunehmen und diese möglichst geschützt und platzsparend zu verstauen. Sobald Möbel jedoch nur um ihrer selbst willen im Raum stehen, verwandeln sie sich in überflüssiges Gerümpel. Außer wenn es sich dabei um wertvolle Antiquitäten handelt, die den Rang eines Möbelstücks schon lange hinter sich gelassen haben und statt dessen der Geldanlage dienen – aber wer solche Stücke besitzt, hat meist auch genug Wohnfläche, um die Möbel problemlos in gebührenden Abständen zueinander aufzustellen.

Vor allem Bewohner kleinerer Wohnungen machen häufig den Fehler, ihr Zuhause mit einer Vielzahl von Möbelstücken aufzufüllen, weil sie hoffen, dadurch mehr Stauraum für ihre übrigen Besitztümer zu gewinnen. Sobald kein Platz für große Möbel mehr ist, werden die Zwischenräume mit Kleinmöbeln aufgefüllt – zur Kommode gesellt sich ein Kommödchen, und plötzlich stehen überall Beistelltischchen und Hocker herum. Letztlich wirkt die Wohnung dadurch noch kleiner, als sie bereits ist, und die vielen Möbel laden geradezu dazu ein, sie mit allem möglichen Gerümpel aufzufüllen.

Nachdem Sie nun die ersten Entrümpelungsschritte hinter sich gebracht haben, können Sie sich auch von solchen überschüssigen Möbeln trennen – und zwar in folgender Reihenfolge:

1. Möbel, die ursprünglich nur als Notlösung angeschafft wurden,
2. Möbel, die Durchgänge blockieren oder ständig im Weg stehen,
3. Kleinmöbel, die nicht wirklich zu den größeren Stücken passen,
4. Möbel, die eigentlich nicht Ihrem Wunsch-Einrichtungsstil entsprechen oder Ihnen nicht hundertprozentig gefallen.

In der Tiefe der Küchenschränke

Küchenschränke und Vorratskammern scheinen eigentlich kein Ort für Gerümpel zu sein, denn immerhin sind sie praktisch täglich im Gebrauch. Zumindest die leicht erreichbaren Bereiche – aber in den dunklen Ecken dahinter können sich im Laufe der Zeit ganz erstaunliche Dinge ansammeln. Neben nutzlosen Küchenhelfern, verstaubten Elektrogeräten und angeschlagenem Geschirr finden sich nicht selten sogar nahezu antike Lebensmittelpackungen. Daher empfehle ich, mindestens einmal im Jahr in die Tiefen der Küchenschränke vorzudringen und alles auszusortieren, was während des vergangenen Jahres kein einziges Mal zur Hand genommen wurde.

Da der Kühlschrank oft ungewollt zum Endlager für allerlei Essensreste verkommt, verdient er zusätzliche Aufmerksamkeit. Am besten durchstöbern Sie ihn einmal pro Woche komplett nach allem, was aufgebraucht oder entsorgt werden muss. So ersparen Sie sich nicht nur unangenehme Schimmelkulturen, sondern auch einiges Geld, weil Sie auf Dauer viel gezielter nur soviel einkaufen werden, wie Sie tatsächlich verbrauchen – probieren Sie es aus!

Entschlacken Sie Ihre Küche

Gerade wer eine kleine Küche hat, sollte sich die Arbeit darin leichter machen und sich von überflüssigem Ballast befreien. Angeschlagenes, hässliches Geschirr, das Sie nie Gästen vorsetzen würden, alle Dinge, die in den letzten zwei Jahren kein einziges Mal verwendet wurden, Geräte, die Sie ungern benutzen, weil sie so schwer zu reinigen sind oder exotische Zutaten, die Sie eigentlich nie verwenden, nehmen nur unnötig Platz darin weg. Ebenso alles, was unnötigerweise mehrfach vorhanden ist: Behalten Sie das beste Stück und geben Sie den Rest weg. Zuletzt sollten Sie sich von den »Notvorräten« für schlechte Zeiten trennen, die nur deshalb immer übrig bleiben, weil sie niemandem im Haus schmecken.

Um Vorratsschränke in den Griff zu bekommen, gibt es einen einfachen Trick: Versuchen Sie einmal im Jahr, Ihre Vorräte aufzubrauchen und während dieser Zeit so wenig wie möglich einzukaufen. Alles, was nach vier Wochen nicht verbraucht ist (außer Gewürzen und Basics wie Mehl und Zucker in kleinen Mengen), ist überflüssig und fliegt sofort aus dem Schrank.

So vermeiden Sie Haushaltsstress

Die wichtigsten Bereiche Ihres Zuhauses haben Sie nun hoffentlich schon erfolgreich entrümpelt. Nun sollten Sie daran gehen, sich auch die Arbeit im Haus leichter zu machen. Die Hausarbeit sorgt bei vielen Menschen für regelrechten Haushaltsstress. Entweder sind sie berufstätig und kämpfen damit, das »bisschen« Haushalt nebenbei in ihrer knappen Freizeit zu erledigen, oder sie stehen als Hausfrau (oder Hausmann) unter dem Druck, ihren Haushalt jederzeit perfekt im Griff zu haben – um dafür dann auch noch kaum Anerkennung zu erhalten.

Die meisten Menschen sehen Hausarbeit als Belastung, obwohl Waschmaschine, Mikrowelle und Co. sie doch schon um einiges leichter machen. Sie vergessen dabei aber, dass ein schönes Zuhause, in dem man sich rundum wohl fühlen kann, durchaus auch etwas Anstrengung wert ist. Mein erster Tipp fürs Kochen und Putzen ist daher auch der Wichtigste: Denken Sie bei der Arbeit immer schon an das Ergebnis! Wer sich auf eine saubere, gemütliche Wohnung freut, dem geht die Arbeit gleich viel leichter von der Hand. Noch leichter wird sie, wenn Sie dabei einige einfache Tipps berücksichtigen:

❧ Achten Sie darauf, alle horizontalen Flächen im Haus so frei wie möglich zu halten. So können Sie ungehindert putzen, und auch die Küchenarbeit fällt viel leichter, wenn genug Platz dafür da ist.

❧ Halten Sie alles nötige Zubehör immer in einem sauberen, einsatzbereiten Zustand. Saubere Eimer, Staub- oder Bodentücher machen das Putzen um einiges angenehmer, und Kochen macht nur Spaß, wenn der Dosenöffner funktioniert und die Messer scharf genug zum Schneiden sind.

❧ Sorgen Sie rechtzeitig für Nachschub. Nichts ist frustrierender, als sich zum Staubsaugen aufzuraffen und nach fünf Minuten festzustellen, dass der letzte Staubsaugerbeutel bis zum Platzen voll ist. Sie müssen deshalb kein platzraubendes Vorratslager anlegen, sondern es nur sofort auf Ihrem Einkaufszettel notieren, sobald etwas zur Neige geht.

Die besten Küchentipps

Einfach, aber äußerst wirkungsvoll, wenn sie konsequent angewendet werden – mit den folgenden Tipps fällt die Arbeit in der Küche deutlich leichter:

- Spülen Sie Messer, Schneidebretter und andere Küchenhelfer sofort nach ihrem Einsatz ab, bevor Essensreste antrocknen können.
- Legen Sie beim Gemüseschälen ein Stück Küchenpapier oder Zeitung unter, so können Sie die Abfälle mit einem Handgriff entsorgen.
- Weichen Sie alles Angebrannte vor dem Abspülen ein. Verkrustete Töpfe gleich nach dem Kochen mit Wasser füllen und auf die abgeschaltete Herdplatte stellen, die Restwärme hilft beim Einweichen.
- Ein Geschirrspüler spart nicht nur unglaublich viel Arbeit, sparsame Modelle verbrauchen auch weniger Wasser und Spülmittel als das Spülen von Hand – es lohnt sich, dafür Platz in der Küche zu schaffen.
- Planen Sie vor dem Einkauf, was Sie in den nächsten zwei bis drei Tagen kochen und wählen Sie Gerichte, bei denen Sie verschiedene Zutaten weiter- oder wiederverwerten können – so haben Sie weniger Arbeit, und es bleiben weniger Reste übrig.

Die besten Putz- und Haushaltstipps

❧ Normalerweise reichen ein Spülmittel, ein Glasreiniger, ein Kalkreiniger fürs Bad und ein Neutralreiniger zum Putzen völlig aus. Spezielle Fleckreiniger erst kaufen, wenn alles andere versagt.

❧ Kalkflecken auf Marmor lassen sich mit einem Ceranfeld-Schaber und etwas Fingerspitzengefühl leicht entfernen, ebenso krustige Flecken (zum Beispiel Kleber oder Wachs) auf Glas und Steinplatten oder glatten Fliesen.

❧ Wischen Sie vor allem in der Küche alle Flecken sofort weg – sobald sie antrocknen, ist viel mehr Arbeit nötig.

❧ Schwämme und Putztücher nach jedem Einsatz kurz unter fließendem Wasser ausspülen, gut ausdrücken und trocknen lassen – nur wenn sie sauber sind, taugen sie auch zum Saubermachen.

❧ Schlagen Sie die Wäsche vor dem Aufhängen aus und hängen Sie sie glatt auf, das erleichtert das Bügeln und Falten. Hemden zum Trocknen auf Bügel hängen.

❧ Es lohnt sich, in gute Putz- und Haushaltsutensilien zu investieren: Sie funktionieren besser, halten länger und machen die Arbeit leichter.

Die Kunst, einen Garten zu pflegen

Entrümpeln beschränkt sich nicht nur auf das Haus – auch im Garten bieten sich dafür unzählige Möglichkeiten. Keine Sorge, ich möchte Ihnen nicht vorschlagen, Ihre geliebte Freiluftarbeit oder Ihre wunderschönen Blumen aufzugeben. Ich möchte Ihnen nur einige Tipps geben, wie Sie überflüssiges Gerümpel loswerden und sich unnötige Arbeit ersparen können.

Zu jedem Garten gehört einiges an Geräten, und Rasenmäher, Harke und Gieskannen wollen irgendwo aufbewahrt werden. Ob dies nun im Keller, in der Garage oder in einem eigenen Gartenschuppen ist: Sie tun sich auf Dauer einen riesigen Gefallen, wenn Sie die Gartengeräte darin übersichtlich und griffbereit anordnen. Dafür muss natürlich zunächst einmal das Gerümpel aussortiert werden. Zum gartentypischen Gerümpel gehören zum Beispiel leere Plastik-Blumentöpfe von zugekauften Pflanzen, stumpfe Gartenscheren, für die es längst Ersatz gibt, kaputte Gießkannen, Pflanzkübel oder Regentonnen und alte, unansehnliche Deko-Kugeln, Windspiele oder Windlichter. All dies kann umgehend entsorgt werden.

Licht im Gerätedschungel

Der Platz im Schuppen wird außerdem sehr schnell von den verschiedensten Garten-Großgeräten belegt. Neben dem unumgänglichen Rasenmäher finden sich hier Dampfstrahlgeräte, Häcksler, Tischkreissägen und nicht zuletzt immer öfter eine Schneefräse für den nächsten schneereichen Winter.

Mein Tipp für platzbewusste Gartenbesitzer: Nutzen Sie bei allen Geräten, die nicht öfter als einmal im Monat gebraucht werden, den Verleihservice im nahe gelegenen Baumarkt, oder gründen Sie mit Nachbarn oder Freunden einen Gerätepool, in dem Sie sich gegenseitig die nötigen Geräte zur Verfügung stellen oder sie sogar gemeinsam kaufen. So haben Sie nicht nur mehr Platz gewonnen, sondern mit etwas Glück auch noch viel Geld gespart.

Auch beim Kauf von Gartengeräten lohnt es sich, einmal gezielt etwas mehr Geld in genau die richtige Schere oder Schaufel zu investieren, als immer wieder ein billiges Set von allerlei Gerätschaften zu kaufen, von denen Sie die Hälfte sowieso nicht brauchen oder die bei der ersten größeren Beanspruchung kaputtgehen.

Die besten Gartenaufräumtipps

Damit die Gartenarbeit wie am Schnürchen klappt und alles mit möglichst wenig Aufwand grünt und blüht, empfiehlt es sich außerdem, die folgenden Tipps zu beachten:

- Legen Sie einen Plan für Ihren Garten an, und berücksichtigen Sie dabei, wie viel Licht, Wasser und Pflege die einzelnen Pflanzen brauchen, ob sie ein- oder mehrjährig sind und wie groß sie werden. Obwohl dies selbstverständlich erscheint, stehen viele Hobbygärtner immer wieder nach Spontankäufen im Gartencenter vor dem Problem, dass es für die Neuerwerbung keinen passenden Platz im Garten gibt und die Pflänzchen dort, wo sie am hübschesten aussehen, einfach nicht gedeihen wollen. Achten Sie bei der Planung auch auf die Bodenverhältnisse in Ihrem Garten, denn viele Pflanzen benötigen zum Wachsen besonders feuchte oder trockene Böden.
- Denken Sie beim Anlegen eines Ziergartens langfristig, da er umso schöner wird, wenn alles harmonisch einwachsen kann. Bevorzugen Sie mehrjährige Pflanzen, um die Beete nicht jedes Jahr neu bepflanzen zu müssen.

- Achten Sie beim Anlegen des Gemüsegartens auf günstige Pflanzengemeinschaften, sie schützen vor Schädlingen und helfen dabei, die Beete optimal zu nutzen. Ausführliche Informationen dazu finden Sie in guten Garten-Handbüchern – sie würden den Umfang dieses Buches leider sprengen.
- Kübelpflanzen machen um einiges mehr Arbeit als Beetpflanzen, allein schon, weil sie öfter gegossen werden müssen. Beschränken Sie sich auf wenige, aber dafür große Pflanzgefäße und legen Sie lieber am Rand der Terrasse Beete an.
- Exotische Pflanzen, die nicht an unser Klima angepasst sind, müssen aufwändig gepflegt und überwintert werden. Bevorzugen Sie daher lieber einheimische oder robuste, winterharte Pflanzen.
- In dicht bepflanzten Zierbeeten geht weniger Wasser durch Verdunstung verloren, und es sprießt weniger Unkraut.
- Zuletzt ein Tipp für Balkonbesitzer: Spezielle Züchtungen haben uns Balkonblumen beschert, die weniger Blütenblätter abwerfen und damit viel weniger Dreck auf und unter dem Balkon machen – erkundigen Sie sich gezielt danach.

Wissen und Informationen managen

Nach der konkreten, materiellen Ebene setzen wir das Entrümpeln nun auf einer neuen Ebene fort: auf der Wissens- und Informationsebene. In unserem modernen Informationszeitalter sind wir ständig und überall von einer Unmenge von Informationen umgeben. Ob beruflich oder privat: Jeder von uns wird tagtäglich mit neuem Wissen konfrontiert, und lebenslanges Lernen scheint nahezu unverzichtbar für die Karriere zu sein.

Diese Mengen an Wissen und Informationen müssen allerdings auch verarbeitet und gespeichert werden. Unser wichtigster Helfer dabei ist der Computer. Er bringt aber auch neue Probleme mit sich: Während Gelehrte früherer Zeiten auf den begrenzten Speicher ihres Gedächtnisses und auf das räumlich begrenzte Fassungsvermögen von Bibliotheken angewiesen waren, haben die meisten von uns heute per Internet Zugriff auf mehr Informationen, als sie jemals aufnehmen könnten – diese Informationsflut ist hervorragend dazu geeignet, unser Leben im Handumdrehen noch chaotischer zu machen.

Entrümpeln Sie Ihren Computer

Der Computer ist deshalb der erste Einsatzort der Informations-Entrümpelungs-Strategie. Seit die Festplatten immer größer und die Rechenleistung immer schneller werden, besteht für viele Menschen kein offensichtlicher Grund mehr, sich von alten oder unwichtigen Daten auf ihrer Festplatte zu trennen. Ein paar Megabyte mehr oder weniger scheint bei etlichen Gigabyte Platz auch keinen großen Unterschied zu machen.

Dabei übersehen sie jedoch, dass auch alte Daten nicht nur eine bloße Ansammlung von Bits und Bytes sind, sondern dass sie – ebenso wie materielles Gerümpel – immer auch ein wenig Raum in unserem Unterbewusstsein beanspruchen, solange sie auf der Festplatte greifbar sind. Außerdem ist selbst die größte Festplatte irgendwann voll, und es dauert wesentlich länger, eine bestimmte Datei zu finden, wenn sie sich zwischen Ordnern voller unwichtigem Kram versteckt. Löschen Sie daher grundsätzlich alles, was Sie nicht mehr benötigen, oder lagern Sie es auf CDs aus – und legen Sie alle Informationen in sinnvollen Ordnern ab.

Die Grundtechnik: Ordner sinnvoll anlegen und gliedern

Nahezu jeder Computer enthält voreingestellt verschiedene Ordner für Dokumente, Fotos, Musik oder Filme. Es ist aber nicht sehr hilfreich, wenn Sie zum Beispiel all Ihre Aufnahmen einfach nur im Ordner »Fotos« ablegen – spätestens ab dem 2000sten Foto würden Sie Stunden damit verbringen, diesen einen bestimmten Schnappschuss vom letzten Geburtstag Ihrer Tante zu suchen. Trotz leistungsstarker Suchfunktionen lohnt es sich sehr, auch die elektronischen Dokumente sinnvoll und übersichtlich zu ordnen. So ersparen Sie sich den Einsatz des Suchprogramms und können zusammengehörige Dokumente schnell komplett verschieben oder löschen.

❧ Die wichtigste Regel dabei: Beschriften Sie alle Ordner und Dateien stets so aussagekräftig und eindeutig wie möglich, und vermeiden Sie insbesondere unklare Abkürzungen, deren Bedeutung bereits nach zwei Monaten vergessen werden könnte.

❧ Gewöhnen Sie sich an, vor allem die Dateien, die Sie aus dem Internet laden, regelmäßig auszusortieren und alles zu löschen, was veraltet, unwichtig oder doppelt vorhanden ist.

- Legen Sie alle Dateien inhaltlich sortiert in Ordnern und Unterordnern an. Bei Steuer- oder Rechnungsdokumenten empfehlen sich Unterordner für die verschiedenen Jahre, bei Arbeitsunterlagen eine Unterteilung nach Projekten oder Auftraggebern (oder beidem), bei Recherche-Material aus dem Internet nach allgemeinen Wissensgebieten und konkreten Themen.
- Strukturieren Sie Ihre Ordner so, dass sich möglichst alle Dokumente eindeutig zuordnen lassen.
- Fotos, Filme oder Musik, die zu bestimmten Projekten gehören, sollten mit den übrigen Projektdateien in einem Ordner gespeichert werden. Alle übrigen Multimediadateien können Sie von den entsprechenden Programmen in den allgemeinen Ordnern dafür speichern lassen.
- Sichern Sie Ihre Daten regelmäßig auf CDs, Speichersticks oder einer externen Festplatte – nur so können Sie wirklich sicher gehen, dass die Arbeit, die Sie in das Zusammentragen und Archivieren gesteckt haben, nicht durch einen einzigen unglücklichen Zwischenfall für immer verloren ist.

Informationen (aus-)sortieren

Nur Journalisten, Gesellschaftsforscher und Menschen, die an extremer Neugier leiden, sollten sich auch noch für die kleinsten Informationsschnipsel interessieren, die tagtäglich unsere Informationsgesellschaft durchfluten. Da die meisten von uns nur wenig Zeit haben, um aus all diesen Nachrichten die für sie wichtigen herauszufiltern, sollten Sie sie stets auf sinnvolle Weise (aus-)sortieren.

Fragen Sie sich dafür als erstes, ob diese Information wichtig ist für konkrete, demnächst anstehende Handlungen oder Entscheidungen. Als nächstes sehen Sie nach, ob sie überhaupt noch aktuell ist – vor allem im Internet stolpert man schnell über veraltete Inhalte. Nehmen Sie Schlussfolgerungen oder Statistiken nicht unbesehen an, sondern hinterfragen Sie ihre Entstehung und versuchen Sie, sie nachzuvollziehen. Und schließlich sollten Sie bei allen Informationen auf ihre Herkunft achten: Büroklatsch oder ein Posting in einem Internetforum sind bei weitem nicht so zuverlässig und damit wichtig wie eine Aussage aus offiziellen Quellen.

Die Informationsflut eindämmen

Der erste Schritt dafür: Bauen Sie die »Zu-lesen«-Stapel ab, die sich allgegenwärtig im Büro wie zu Hause ansammeln, indem Sie ungelesene Zeitungen, alte Zeitschriften, Kataloge und Werbung konsequent entsorgen – spätestens, wenn Nachschub kommt. Legen Sie als nächstes fest, welche Wissensgebiete und Informationen Sie wirklich interessieren, und konzentrieren Sie sich beim Lesen nur darauf. Die Überschrift verrät, welches Thema ein Text behandelt. Lassen Sie sich nicht von Ihrer Neugier dazu verleiten, weiterzulesen, wenn das Thema nicht zu Ihren Interessensgebieten gehört – dies gilt besonders für alle Besuche im Internet. Beschränken Sie sich dort strikt auf genau das Thema, zu dem Sie gerade Informationen suchen.

Wer keine konkreten Anschaffungen plant und deshalb gezielt nach Angeboten sucht, sollte alle Werbebeilagen und Prospekte sofort ohne zweiten Blick darauf entsorgen. Wählen Sie Ihr Fernsehprogramm so oft wie möglich anhand der Programmzeitschrift aus: Beim Zappen bleibt man viel zu leicht bei absolut unwichtigen Sendungen hängen.

Sinnvoll lernen und Wissen sammeln

Lebenslanges Lernen gehört heute zum Berufsalltag einfach dazu, und das Wissen, über das jemand verfügt, ist mindestens ebenso wichtig wie seine praktischen Fähigkeiten. Sinnvoll zu lernen setzt allerdings voraus, dass wir uns vorher Gedanken über unsere Ziele machen und uns bewusst in den Bereichen weiterbilden, die für das Erreichen dieser Ziele nützlich sind. Wer eine eigene Firma gründen will, sollte sich die dafür nötigen Kenntnisse aneignen, anstatt ein fünftes Aufbaustudium anzuhängen; wer seit langem davon träumt, nach Amerika auszuwandern, ist in einem Englischkurs wesentlich besser aufgehoben als im Tanzworkshop.

Der Blick in die Zukunft ist ganz besonders wichtig, wenn Sie nicht nur neue Dinge lernen, sondern selbst Wissen sammeln und archivieren wollen. Ob dies nun Fachartikel über Ihr Arbeitsgebiet, Börsendaten oder Kochrezepte sind: Sammeln Sie nie einfach nur drauflos, sondern behalten Sie immer Ihr Ziel vor Augen – und organisieren Sie Ihr Archiv in einer sinnvollen Ordnerstruktur!

»Du musst nicht alles wissen – du musst nur wissen, wo du es nachschlagen kannst!«

Dies ist einer der wichtigsten Ratschläge, die ich jemals erhalten habe. Manche Menschen können zwar erstaunlich viel Wissen in Ihrem Gedächtnis unterbringen, aber leider sind wir nicht alle gleich begabt dafür, und oft fehlt es uns auch an Zeit (oder Lust), uns zu viele Details einzuprägen. Da auch zu viel Wissen eine Belastung sein kann, ist es manchmal sogar hilfreich, wenn wir uns nicht alles merken können. Solange Sie wissen, wo Sie die benötigten Informationen schnell und zuverlässig nachschlagen können, ist Nichtwissen nicht zwangsläufig ein Nachteil.

Gute Nachschlagewerke und bewährte Fachliteratur gehören nach wie vor zu den besten Wissensquellen. Wählen Sie gut aus, was Sie wirklich ständig zu Hause griffbereit haben müssen und was Sie bei Bedarf in Bibliotheken oder Archiven einsehen können. Im Computer können Sie viele Informationen auf kleinstem Raum abspeichern. Und auch das Internet hält viel Wissen für uns bereit – wenn Sie dabei gut abwägen, wie zuverlässig Ihre Quellen sind.

Mehr Zeit für mich

Je mehr wir unser Leben mit überflüssigen Dingen überhäufen, desto weniger bleibt uns von einer überaus wichtigen Ressource: unserer Zeit. Manchmal scheint es, als sei Zeit eines der knappsten Güter überhaupt geworden zu sein – die meisten von uns klagen zumindest während ausgedehnter Phasen ihres Lebens darüber, nicht genug Zeit für all das zu haben, was sie einerseits tun sollten und andererseits gern tun möchten.

Unser Tag hat 24 Stunden – daran kann auch das beste Zeitmanagement nichts ändern. Was es verändern kann, ist die Art, wie wir mit diesen 24 Stunden umgehen. Noch vor wenigen Jahren war Zeitmanagement die letzte Hoffnung für Manager, Selbstständige und Karrierewütige, die immer noch mehr Leistung in noch weniger Zeit unterbringen wollten. Inzwischen hat sich jedoch die Erkenntnis verbreitet, dass Zeitmanagement in dieser Form nur noch schneller dazu führt, dass stressbedingte Beschwerden wie Nervosität, Herzprobleme oder Magengeschwüre auftreten.

Zeitmanagement ohne Eile

Das eigentliche Problem mit unserer Zeit ist nicht, dass wir zuwenig davon haben, sondern dass wir zu viele Aktivitäten darin unterzubringen versuchen – deshalb ist das richtige Zeitmanagement ein wichtiger Teil jeder umfassenden Entrümpelungsstrategie. »Richtiges« Zeitmanagement versucht nicht, immer mehr Aktivitäten in Ihrem Leben unterzubringen. Ganz im Gegenteil: Es hilft Ihnen dabei, Ihr Leben von unnötigen Aktivitäten und Zeitdieben zu befreien und so mehr Zeit für die Dinge zu gewinnen, die Ihnen wirklich wichtig sind.

Schnelligkeit und Eile müssen regelmäßig durch Ruhe und Entspannung ausgeglichen werden, wenn wir auf Dauer mit unserem Lebenstempo Schritt halten wollen. In diesem Kapitel finden Sie viele Tipps und Anleitungen, wie Sie bewusst und sinnvoll mit Ihrer Zeit umgehen, Ihre Terminplanung sowie Ihre Aktivitäten vereinfachen und Ihren persönlichen Rhythmus finden können.

Zeitmanagement für Anfänger

Sie denken beim Zeitmanagement an lange To-do-Listen und volle Terminplaner? Keine Sorge: Diese Dinge sind keine zwingende Voraussetzung für ein funktionierendes Zeitmanagement – obwohl sie zumindest am Anfang sehr hilfreich sein können. Aber schließlich wollen Sie Ihren Alltag ja von möglichst vielen überflüssigen Aktivitäten entrümpeln, anstatt noch neue hinzuzufügen.

Wer immer wieder den Eindruck hat, dass viele Aufgaben liegenbleiben, obwohl er doch eigentlich von früh bis spät beschäftigt ist, sollte zunächst zumindest für eine Woche ein Zeittagebuch führen, in dem er täglich notiert, womit er seine Zeit verbracht hat – am besten mit der ungefähren Dauer aller Aktivitäten. Die meisten Menschen sind danach sehr erstaunt, wie viele Dinge sie Tag für Tag tun, und wie viel Zeit sie mit alltäglichen Tätigkeiten wie Fernsehen, Geschirrspülen oder Einkaufen verbringen.

Das Zeittagebuch verschafft Ihnen einen ersten Überblick darüber, wie viele Dinge Sie eigentlich täglich in Ihren 24 Stunden unterzubringen versuchen.

Mit seiner Hilfe können Sie dann daran gehen, überflüssige Aktivitäten auszusortieren und Zeitdiebe zu erkennen. Sortieren Sie Ihre Aktivitäten doch einfach in vier imaginäre Kisten ein:

- Überflüssig: Telefonverkäufern zuhören, Fernsehen, wenn nichts Interessantes läuft, sorgenvoll aus dem Fenster starren und über unlösbare Probleme nachgrübeln ... Es gibt vielleicht nicht viele Aktivitäten, die eindeutig überflüssig sind, aber jeder einzelne Punkt in dieser Kategorie wird Ihnen freie Zeit schenken, wenn Sie ihn in Zukunft einfach weglassen.
- Weitergeben: Alles, was Sie nicht unbedingt selbst erledigen müssen, können Sie an andere delegieren – wie das funktioniert, erfahren Sie später (siehe Seite 84 f.).
- Zu erledigen: Alles, was nun mal erledigt werden muss, damit Ihr Leben funktioniert, wie Job oder Haushalt. Mit der richtigen Organisation können Sie hier viele Freiräume schaffen.
- Genießen: Alles, was gut tut und Ihnen dabei hilft, zu entspannen und neue Kraft zu tanken, zum Beispiel Freunde treffen, lecker kochen oder auch mal einfach nur ausspannen.

Zeitdiebe ausschalten

Hinter dem Begriff »Zeitdiebe« verbergen sich alle Aktivitäten, die Ihnen kaum einen Nutzen bringen und dabei unglaublich viel Zeit verschlingen. Der schlimmste Zeitdieb ist der Fernseher. Jeder Bundesbürger verbringt im Durchschnitt fast vier Stunden täglich vor dem Fernseher – ein Sechstel des Tages. Am zeitraubendsten ist das Zappen: Wer die durchschnittlich verfügbaren 30 Kanäle komplett durchzappt, verliert bei jedem Durchgang 10 bis 15 Minuten, ohne dabei wirklich etwas Interessantes anzusehen. Fernsehen ist neben dem Internet die beste Möglichkeit, unbemerkt Unmengen an Zeit totzuschlagen.

Der Zeitdieb Fernseher ist aber zum Glück auch einfach auszuschalten – ein Knopfdruck genügt. Probieren Sie einmal aus, wie viel Zeit Sie für andere Aktivitäten gewinnen, wenn Sie Ihren Fernsehkonsum bewusst einschränken, zum Beispiel auf eine Sendung oder eine Stunde pro Tag. Auch wer gerne fernsieht, kann sinnlose Zeitverluste eingrenzen. Suchen Sie sich dafür in der Programmzeitschrift die Sendungen aus, die Sie wirklich sehen wollen, und schalten Sie den Fernseher danach konsequent wieder aus.

Die verbreitetsten Zeitdiebe

- Perfektionismus: Verbringen Sie nicht zuviel Zeit mit der Arbeit an winzigen Details. In 90 Prozent aller Fälle wird nur beachtet, ob die Arbeit so gut wie nötig ist, absolute Perfektion findet kaum jemals die angemessene Bewunderung.
- Zu hohe Erwartungen: Haben Sie den Mut, Grenzen zu setzen und »Ich kann nicht« zu sagen, wenn eine Aufgabe unerfüllbar ist, anstatt mit nutzlosen Bemühungen Zeit und Energie zu vergeuden.
- Unerwünschte Anrufe oder Besucher: »Das passt mir jetzt aber leider gar nicht!« lautet der Zauberspruch dagegen. Geben Sie keine Gründe an, damit keine Diskussion aufkommt, und bleiben Sie hart.
- Wartezeiten: Ob beim Arzt oder bei Behörden – nehmen Sie trotz Termin Lesestoff, Schreibarbeiten oder eine andere Beschäftigung mit, um die Wartezeit nicht sinnlos totschlagen zu müssen.
- Unentschlossenheit: Riskieren Sie lieber einen falschen Schritt, als gar keinen Schritt zu wagen (was fast immer ein Fehler ist). Eine Pro&Contra-Liste, der Rat eines Freundes oder Experten oder Ihr intuitives Bauchgefühl können dabei helfen.

Wichtig oder dringend?

Die Eisenhower-Methode ist eine praktische Hilfe, um Aufgaben sinnvoll zu sortieren und leichter einen Terminplan zu erstellen. Dabei werden alle Aufgaben in vier Kategorien einsortiert:

- Wichtig & dringend: Akute Krisen und Probleme sowie Aufgaben, deren Frist bald abläuft. Hier ist die Priorität am höchsten: Sie bekommen die meiste Zeit.
- Wichtig & nicht dringend: Planungen, Weiterbildung, Erholung oder Aufgaben, für die Sie noch lange Zeit haben. Planen Sie feste, aber nicht zu ausführliche Termine dafür ein.
- Dringend & nicht wichtig: Unterbrechungen, Telefonate und andere Dinge, um die man sich »schnell noch« kümmern muss, obwohl sie nicht wichtig sind. Planen Sie täglich ein begrenztes Zeitfenster für alles ein, was unerwartet sofort erledigt werden muss.
- Nicht dringend & nicht wichtig: Sortieren Sie hier ehrlich alles ein, was weder dringend noch wichtig ist: unnötige Gespräche, unerwünschte Werbung, überflüssige Arbeitsbeschaffungsmaßnahmen. Dann wird es ohne weitere Beachtung weggeworfen oder beendet.

Zeit-Gerümpel

Falls Sie trotz aller bisherigen Tipps immer noch zu wenig Zeit für sich haben, versuchen Sie eindeutig, zu viele Aktivitäten und Aufgaben in Ihrem Leben unterzubringen. Entsorgen Sie daher konsequent das folgende Zeit-Gerümpel: Verabredungen oder Telefonate mit Leuten, die Sie eigentlich nicht mögen, (Büro-)Klatsch, der ständig um dasselbe Thema kreist, und Hobbys, die Sie eigentlich nicht mehr fesseln. Auch die zeitintensivere Hälfte all der Aktivitäten, die Sie nur Ihrem Partner zuliebe mitmachen oder eine Shoppingtour durch die gesamte Stadt, obwohl Sie schon im zweiten Geschäft das gefunden und zurückgelegt haben, was Sie suchen, sowie Fahrdienste für Kinder, die alt genug sind, um mit dem Fahrrad oder öffentlichen Verkehrsmitteln zu fahren (oder bei Freunden mitfahren könnten), rauben Ihnen unnötig Zeit. Gleiches gilt für das Einkaufengehen, obwohl der Kühlschrank voll ist, nur weil man eine Kleinigkeit vergessen oder plötzlich Lust auf etwas anderes hat. Und schließlich das schlimmste Zeit-Gerümpel überhaupt: endlose Internet-Chats zu belanglosen Themen und zielloses Surfen.

Organisation ist alles

Ob Zuhause oder im Job – das Geheimnis jedes funktionierenden Zeitmanagements ist eine gute Organisation. Diese hat viel mit Ordnung zu tun, daher leiden chaotische Zeitgenossen oft auch unter chronischer Zeitnot.

Wer gut organisieren kann, hat nur dann ein Problem mit seiner Zeit, wenn er sich zu viele Aufgaben und Aktivitäten aufbürdet. Sonst hilft das Organisieren dabei, alles, was zu tun ist, auf möglichst einfache und zeitsparende Weise hinter sich zu bringen. Am wichtigsten sind dabei die folgenden Strategien:

- Zusammengehöriges bündeln. Nicht nur im Job, sondern auch privat ist es günstig, Erledigungen wie Telefonate oder das Beantworten von E-Mails und Briefen in bestimmten Zeitfenstern zusammenzufassen. Auch Einkäufe, Hausarbeiten oder Bankgeschäfte eignen sich gut dafür, gebündelt erledigt zu werden.
- Routinen entwickeln. Wiederkehrende Arbeitsabläufe gehen viel schneller von der Hand, wenn sie einer durchdachten Routine folgen. Finden Sie die beste Art, sie zu erledigen, und bleiben Sie dann dabei.

❧ Termine festlegen. Termine machen die Arbeit, aber auch das Privatleben überschaubarer – und lichten damit viel zeitliches Chaos. Privat genügt es meist, bestimmte Tätigkeiten auf bestimmte Wochentage festzulegen. Wer montags Einkäufe erledigt, freitags putzt und sich samstags um die Wäsche kümmert, muss für den Rest der Woche keine Zeit auf die Gedanken daran verschwenden.

❧ Pragmatisch handeln. Oft verbringen wir viel Zeit damit, uns Gedanken darüber zu machen, wie wir etwas erledigen sollten und ob wir es auch richtig machen. Perfektionismus und die Angst vor der Kritik anderer verführen uns dazu, ein Vielfaches an Zeit in Dinge zu stecken, die eigentlich schnell zu erledigen wären. Erledigen Sie so viel wie möglich einfach, pragmatisch und so, wie Sie es für richtig empfinden – so sparen Sie sich die Zeit, die Sie sonst mit Grübeln verbringen würden.

❧ Bleiben Sie flexibel. Die beste Organisation versagt irgendwann, wenn sie nicht flexibel an die Gegebenheiten angepasst wird. Bleiben Sie also kreativ und offen für Veränderungen, wenn Sie Ihr Leben einfacher und schöner gestalten.

Die Kunst des Delegierens

Delegieren ist nicht nur im Job wichtig, es kann Ihnen auch zu Hause nützliche Dienste leisten. Wer immer alles selber machen will, wird früher oder später an die Grenzen seiner Leistungsfähigkeit stoßen. Delegieren ist daher kein Abschieben der Arbeit auf andere, sondern die praktische Umsetzung der Erkenntnis, dass man durch Zusammenarbeit mehr erreichen kann als allein.

Beim klassischen Delegieren im Job ist die Rollenverteilung eigentlich klar: Der Vorgesetzte erteilt die Anweisungen und trägt letztlich die Verantwortung, und die Mitarbeiter erledigen die nötige Arbeit. Damit Delegieren Sinn macht, ist es jedoch wichtig, dem Beauftragten selbst gewisse Entscheidungsspielräume zu überlassen und zu akzeptieren, wenn er die Aufgaben auf seine Weise erfüllt, solange das Ergebnis stimmt. Wer alle Arbeitsschritte zu genau vorgibt, vergeudet nämlich nicht nur viel Zeit damit, sie festzulegen und zu erklären. Er nimmt dem Mitarbeiter damit auch jede Eigenverantwortung ab und verringert dessen Motivation, selbstständig eine gute Lösung für seine Aufgabe zu finden.

Zu Hause können Sie die Kunst des Delegierens nutzen, um Partner, Mitbewohner oder Kinder stärker in die Hausarbeit einzubinden, falls Sie der- oder diejenige sind, die stets den Löwenanteil übernimmt.

Hier können Sie allerdings nicht auf betriebliche Hierarchien zurückgreifen, die es einfach machen, Untergebenen neue Aufgaben aufzutragen. Häusliches Delegieren ist zunächst einmal eine Frage der richtigen Motivation: Anstatt über die viele Arbeit zu klagen oder sich über die Faulheit der anderen zu beschweren, ist es meist effektiver, freundlich, aber bestimmt um Mithilfe zu bitten und einzelnen Personen eigenverantwortlich bestimmte Bereiche der Hausarbeit zu übertragen. Hier ist es besonders wichtig, keine strikten Anweisungen zu erteilen. Vor allem Kinder sind viel schneller für die Mithilfe zu begeistern, wenn man ihnen zwar zeigt, was zu tun ist und wie man selbst es erledigt, ihnen danach aber vertraut, die Aufgabe auch eigenständig zu bewältigen.

»Nein« sagen können

Sie würden mit Ihrer Zeit ja ganz gut auskommen, wenn nicht ständig jemand zu Ihnen käme mit einem Anliegen, der Bitte um Hilfe, einem zusätzlichen Auftrag oder einer Aufgabe, die er selbst nicht erfüllen kann oder will? Viele Menschen leiden unter Zeitnot, weil sie von anderen immer wieder neue Aufgaben aufgeladen bekommen. Sie mögen es sich noch so oft vornehmen: Wenn ihr Gegenüber nur die richtigen Argumente auf Lager hat, schaffen sie es einfach nicht, ihn abzuweisen. Wir stellen unsere eigenen Bedürfnisse hintenan und opfern unsere Zeit, weil wir Mitleid haben, unter Druck gesetzt werden, Schmeicheleien erliegen oder auch einfach nur überrumpelt werden, bevor wir uns dagegen wehren können.

Jederzeit »Nein« sagen zu können, ist eine Frage des Selbstbewusstseins: Wer sich seiner eigenen Bedürfnisse bewusst ist und ganz klar weiß, was er will, lässt sich auch nicht so einfach unerwünschte Aufgaben von anderen aufdrängen.

Achten Sie stets darauf, dass Ihre Hilfsbereitschaft nicht einfach nur ausgenutzt wird. Fragen Sie sich, ob Sie wirklich tun wollen, worum Sie gebeten wurden und was Sie dafür aufgeben müssen oder selbst nicht tun können. Außerdem sollten Sie berücksichtigen, ob Sie von der betreffenden Person sehr häufig um etwas gebeten werden, und ob sie Ihnen bei Bedarf ebenfalls Ihre Zeit und Aufmerksamkeit schenkt oder sich auf andere Weise revanchiert.

So fällt es leichter, »Nein« zu sagen:

- Erbitten Sie sich Bedenkzeit, um später mit guten Argumenten abzusagen.
- Geben Sie keine langen Erklärungen, die zu Diskussionen führen könnten, sondern lehnen Sie einfach und bestimmt ab, zum Beispiel mit »Das passt jetzt leider gar nicht« oder »Das möchte ich nicht«.
- Danken Sie der Person für ihr Vertrauen oder zeigen Sie Verständnis für ihre Lage, aber lehnen Sie ihre Bitte mit dem Hinweis ab, dass Sie leider wirklich keine Zeit dafür haben.
- Behalten Sie eine aufrechte Haltung bei, sehen Sie Ihrem Gegenüber in die Augen, und bleiben Sie freundlich, aber bestimmt.
- Gehen Sie nicht auf Diskussionen ein, sondern sagen Sie nur deutlich, was Sie (nicht) wollen.

Ich-Zeit gewinnen

Bisher war vor allem von Aufgaben die Rede, die erledigt werden müssen. Nun soll es aber auch um die Dinge gehen, die Sie tun, weil sie Ihnen gut tun, Ihr Leben bereichern und Ihnen neue Energie verleihen. Auf den vorangegangenen Seiten haben Sie Strategien kennen gelernt, mit denen Sie Ihr Leben von überflüssigen Aktivitäten, Zeitdieben und Zeitnot befreien können. Was aber tun mit der ganzen freien Zeit? Falls Sie schon lange in der Tretmühle ständiger Aktivität stecken, wird diese Frage vielleicht gar nicht so einfach zu beantworten sein. Allerdings ist die Versuchung groß, nun sofort all die Dinge zu unternehmen, die Sie innerlich schon lange vor sich herschieben, und die freie Zeit schnell mit vielen neuen Aktivitäten anzufüllen.

Dies ist aber eigentlich nicht der Sinn des Zeitmanagements. Zwar ist es durchaus in Ordnung, wenn Sie durch das Entrümpeln Ihres Zeit-Budgets Zeit für schöne Dinge gewinnen, die Ihnen am Herzen liegen und Freude machen. Zuerst einmal sollen Sie jedoch wieder Zeit für sich selbst gewinnen – nicht um etwas zu machen, sondern um einfach nur zu sein.

In unserer hektischen Zeit fällt es den meisten Menschen schwer, einmal länger als auch nur eine Stunde überhaupt nichts zu tun – sie suchen sich unwillkürlich eine Beschäftigung oder Unterhaltung. Ein wichtiges Ziel des Entrümpelns ist jedoch, zurück zu sich selbst zu finden und sich von all den Dingen und Vorgängen in unserer Umgebung nicht länger unnötig beeinflussen zu lassen. Sich mehr Zeit für Persönliches zu nehmen, ist der erste Schritt auf diesem Weg des »inneren« Entrümpelns.

Zeit ist eine knappe Ressource – genießen Sie also den Luxus, regelmäßig einfach Zeit für sich selbst zu haben. Gönnen Sie sich ein paar Mußestunden, nehmen Sie sich Zeit zum Träumen, und lassen Sie alle Verpflichtungen und allen Stress draußen vor der Tür.

Planen Sie diese »Ich-Zeit« ebenso wie alle angenehmen, erholsamen oder unterhaltsamen Dinge, die einfach nur Ihrem Wohlbefinden dienen, regelmäßig in Ihrem Terminkalender ein und halten Sie diese Termine ein – so wird sich auch auf Dauer Ihr Zeitbewusstsein ändern, und Hetze und Zeitdruck werden weniger Platz in Ihrem Leben einnehmen.

Einfach arbeiten

Wer in Vollzeit arbeitet, verbringt einen großen Teil seiner Zeit am Arbeitsplatz (die allermeiste Zeit wird naturgemäß schlafend im Bett verbracht). Dieser Bereich sollte daher in keiner guten Entrümpelungsstrategie ausgespart werden. Auch wenn Sie bei der Gestaltung Ihres Arbeitsplatzes nur selten (nämlich wenn Sie ein Büro für sich alleine haben) radikal alle überflüssigen Dinge entsorgen können, können Sie Ihre Arbeit doch auf mancherlei Weise vereinfachen.

Im vorangegangenen Kapitel haben Sie einige wirkungsvolle Strategien kennen gelernt, um Ihre Zeitplanung zu verbessern und Ihren Terminkalender zu entrümpeln – sie lassen sich alle hervorragend auch auf die Arbeit anwenden. In diesem Kapitel möchte ich Ihnen zeigen, wie Sie Ihre Arbeit noch einfacher organisieren und ein stressfreies Verhältnis zu Kollegen und Chefs pflegen können.

Klimaschutz am Arbeitsplatz

Nein, hier geht es nicht um die Wetterverhältnisse – wichtiger für ein entspanntes Arbeiten ist zuerst einmal das Klima, d. h. die Stimmung am Arbeitsplatz. Dazu gehört vor allem ein gutes Verhältnis zu den Kollegen und Chefs. Darüber hinaus ist aber auch die Atmosphäre des Arbeitsplatzes entscheidend dafür, ob Sie sich an diesem Ort auf Dauer wohl fühlen. Dunkle, enge Räume, schlechte Luft, Lärm und eine lieblose Ausstrahlung drücken selbst dem motiviertesten Mitarbeiter irgendwann auf die Stimmung.

Falls Sie die Möglichkeit dazu haben, sollten Sie Ihren Arbeitsplatz daher bewusst so gestalten, dass Sie sich an diesem Ort auch wohl fühlen. Pflanzen, Bilder und Deko-Artikel sind die einfachste und am weitesten verbreitete Methode, dem Arbeitsplatz eine persönliche Note und eine freundlichere Atmosphäre zu verleihen. Achten Sie außerdem darauf, Arbeitsgeräte und auch Möbel so anzuordnen, dass Wichtiges leicht erreichbar ist und Sie bequem arbeiten können. Sorgen Sie für viel frische Luft, und verbannen Sie alle Lärmquellen, soweit möglich, vor die Tür.

Die Arbeit entrümpeln

In keinem anderen Bereich klagen so viele Menschen über Zeitnot wie bei der Arbeit – hier ist gründliches Entrümpeln und gute Organisation nötig. Suchen Sie daher für wiederkehrende Aufgaben die einfachste Art, sie zu erledigen, und bleiben Sie dabei. Checklisten helfen Ihnen dabei, eine zuverlässige Routine zu entwickeln. Planen Sie für wöchentlich, monatlich oder jährlich wiederkehrende Aufgaben frühzeitig regelmäßige Termine ein, zum Beispiel einen bestimmten Wochentag oder eine Kalenderwoche. Reservieren Sie außerdem feste Zeitblöcke, um Telefonate, Korrespondenz und andere »kleine« Aufgaben am Stück abzuarbeiten – so können Sie sich im Rest der Zeit besser längerdauernden Aufgaben widmen. Konzentrieren Sie sich in der übrigen Zeit jeweils nur auf eine Aufgabe, bis sie abgeschlossen oder wenigstens ein vernünftiges Zwischenergebnis erreicht ist, und verplanen Sie pro Tag nur zwei Drittel Ihrer Arbeitszeit, um einen Puffer für Kurzfristiges und unvermeidbare Störungen zu haben.

Achten Sie auf Ihre persönliche Leistungskurve: Jeder Mensch hat seine individuellen, regelmäßigen Leistungshochs und -tiefs. Erledigen Sie in den Hochphasen schwierige Aufgaben, in den Tiefphasen einfache Routinesachen. Planen Sie regelmäßig kurze Pausen ein, um zu entspannen und Ihre Leistungsfähigkeit zu erhalten. Da diese Pausen Ihnen neue Energie geben, können Sie im Rest der Zeit dafür umso effektiver arbeiten.

Planen Sie für alle Aufgaben und Termine ausreichend Zeit ein – auch für Ihre Vorbereitung, Anfahrtszeiten und eben die nötigen Pausen. Sobald ein Tagespensum voll ist, sollten Sie keine neuen Aufgaben mehr dazunehmen. Verlegen Sie sie auf einen späteren Zeitpunkt, oder tauschen Sie sie mit weniger dringenden Aufgaben von gleicher Dauer, die dafür einen späteren Termin bekommen.

Setzen Sie Prioritäten: Wichtig sind Aufgaben, die ein besonderes Entwicklungspotenzial für die Zukunft besitzen, bei besonders vielen oder bestimmten Menschen Aufmerksamkeit erregen, mit wenig Aufwand große Ergebnisse erzielen, oder deren Vernachlässigung unweigerlich schlimme Folgen hätte.

Vom einfacheren Umgang mit Kollegen und Chefs

Ratschläge zum perfekten Umgang mit Kollegen und vor allem mit Chefs gibt es wie Sand am Meer: Da werden Kampfstrategien entwickelt, unzählige Typen unterschieden und für jeden die passende Gebrauchsanleitung geliefert. Fast alle Ratschläge basieren aber immer wieder auf den gleichen Grundideen – die Basis für ein erfolgreiches Miteinander am Arbeitsplatz sind demnach Freundlichkeit, Höflichkeit, Solidarität (gegenüber den Kollegen) und Loyalität (gegenüber dem Chef), Ehrlichkeit sowie eine offene, klare Kommunikation.

Wer nicht gerade mit mobbenden Kollegen konfrontiert ist, hat eigentlich schon alle Trümpfe in der Hand, wenn er diese Punkte im Umgang mit Chefs und Kollegen berücksichtigt. Komplizierte Taktiken und gezielte Manipulationsversuche dagegen bringen nicht nur viel Aufwand mit sich, sie können bei einem Misserfolg auch dauerhaft das Betriebsklima trüben – und damit das gemeinsame Arbeiten nachhaltig erschweren.

Mit den folgenden, einfachen Tipps können Sie den Umgang mit Kollegen und Chefs dagegen vereinfachen:

❧ Formulieren Sie Fragen und Aussagen offen und klar, aber wenn möglich positiv.

❧ Fragen Sie bei Unklarheiten nach, um Fehler zu vermeiden.

❧ Seien Sie diplomatisch. Anstatt sich zu beschweren, machen Sie auf ein Problem aufmerksam und liefern die Lösungsvorschläge gleich mit. Anstatt Forderungen zu stellen, fragen Sie um Rat (»Wäre es nicht besser, ...«) oder argumentieren ruhig, sachlich und vor allem wohlbegründet.

❧ Haben Sie Geduld, wenn nicht alles so läuft, wie Sie es sich vorstellen.

❧ Nehmen Sie aktiv Anteil an der Arbeit. Wer interessiert, begeisterungsfähig und wissbegierig an allen Arbeitsprozessen teilnimmt, hat mehr Spaß daran und langfristig auch mehr Erfolg.

❧ Schaffen Sie Vertrauen. Behalten Sie vertrauliche und private Informationen grundsätzlich für sich, aber leiten Sie alle wichtigen beruflichen Informationen zuverlässig weiter.

Wohin will ich?

Der klassische Berufsweg mit einer Ausbildung und der daran anschließenden lebenslangen Anstellung im selben Betrieb ist heute nahezu ausgestorben. Gefragt sind Flexibilität, lebenslanges Lernen und Mobilität in alle Richtungen. Dies macht das Arbeitsleben nicht gerade leichter, denn zur Sorge um den Arbeitsplatz kommt die ständige Frage hinzu, wohin man sich entwickeln will und was für Alternativen zum aktuellen Beruf existieren. Wer noch vor wenigen Jahren davon überzeugt war, sein Arbeitsleben als Angestellter in einem Büro zu verbringen, ist heute vielleicht schon selbstständig. In etlichen Branchen haben Quereinsteiger verschiedenster Herkunft heutzutage ebenso gute Erfolgschancen wie jemand, der seinen Beruf von der Pike auf gelernt hat.

Um sich den Umgang mit dieser Unsicherheit einfacher zu machen, ist es nötig, sich über die eigenen Ziele und Interessen klar zu werden, langfristige Pläne zu entwickeln, die genügend Raum für flexible Zwischenlösungen lassen, und gezielt passende Alternativen festzulegen. Sobald Sie aus diesen Zutaten eine Vorstellung Ihres eigenen

Weges entwickelt haben, können Sie auch einen Zeitplan für kurz- und mittelfristige Ziele entwerfen – und sich daran machen, sie Schritt für Schritt zu verfolgen. Achten Sie dabei aber darauf, Ihre Pläne vor allem am Arbeitsplatz nicht an die große Glocke zu hängen, denn auch von unerwarteter Seite können Neid und Missgunst auftreten und Ihnen wichtige Schritte erschweren. Teilen Sie nur bei Bedarf wichtige Einzelheiten mit (zum Beispiel Weiterbildungs- oder Aufstiegspläne). Orientieren Sie sich von nun an bei allem, was Sie tun, an Ihren Zielen und Wünschen, und suchen Sie sich aktiv Aufgaben oder Projekte, die Sie ihnen näherbringen.

Arbeiten Sie an Ihrem sozialen Netzwerk, denn was auch immer Ihr Ziel ist: Durch Kontakte mit Gleichgesinnten und ein gutes Verhältnis zu Kollegen, Vorgesetzten und allen, die Ihnen im weitesten Sinne auf Ihrem Weg weiterhelfen könnten, werden Sie es viel leichter erreichen. Und vergessen Sie dabei nicht, dass gute, zuverlässige Freunde immer eine unschätzbare Hilfe darstellen – auch wenn sie beruflich in ganz anderen Gebieten tätig sind.

Freizeit, Freunde, Partner und Familie

Zu den wichtigsten Dingen in unserem Leben gehören die Beziehungen zu anderen Menschen: Unser Partner, unsere Familie und unsere Freunde können uns viel Glück, Zufriedenheit und neue Energie schenken. Sie können uns aber auch genauso gut das Leben ziemlich schwer machen. Wenn die Liebe abhanden gekommen zu sein scheint, die Kinder quengeln und scheinbare Freunde sich als echte Nervensägen entpuppen, wächst manchmal der Wunsch in uns, all das hinter sich zu lassen und ein neues Leben als Einsiedler auf einer einsamen Insel zu beginnen.

Zum Glück ist die Situation nur selten so schlimm, dass solch radikale Pläne auch in die Tat umgesetzt werden. Sie können jedoch trotzdem aktiv dazu beitragen, Ihre Beziehungen von unnötigem Stress und überflüssigen Belastungen zu befreien und falsche Freunde von Ihrem Leben fernzuhalten.

Entrümpeln Sie Ihre Beziehungen, und genießen Sie, wie viel einfacher das Leben dadurch wird.

Partnerschaft ohne Stress

Eine glückliche Partnerschaft ist einer der wichtigsten Faktoren für unsere Gesundheit und unser Wohlbefinden. Steigende Scheidungsraten und ein Heer an unfreiwilligen Singles zeigen jedoch, dass eine glückliche Partnerschaft nichts Selbstverständliches ist – nach der ersten Verliebtheit scheinen sich nur allzu schnell die Probleme in das junge Glück einzuschleichen.

In vielen Fällen hat dies damit zu tun, dass die Liebe von falschen Erwartungen und unerfüllbaren Ansprüchen langsam aber sicher erstickt wird. Irgendwann beherrschen Streit, Unverständnis oder Ignoranz das alltägliche Zusammenleben, die Liebe scheint verschwunden zu sein und die Partnerschaft wird als gescheitert erklärt. Damit dies nicht geschieht, sollten als erstes die folgenden falschen, aber weit verbreiteten Ansichten entsorgt werden: »Das Schicksal bestimmt, ob eine Paar auf Dauer glücklich ist«, »Liebe und Verliebtsein sind ein und dasselbe«, und nicht zuletzt »Wer sich liebt, streitet nicht und hat nie eine Meinungsverschiedenheit«. Diese Aussagen sind schlicht falsch.

Die Liebe pflegen

Nicht umsonst wird die Liebe oft mit einer zarten Pflanze verglichen, die zärtliche Pflege braucht, damit sie gedeiht: Von alleine können nur schwer der innige Zusammenhalt und das tiefe Vertrauen zwischen zwei Menschen bestehen, die die Grundlage einer glücklichen Partnerschaft sind. Im rauen Alltag zwischen Karriere, Konsum und vielleicht auch noch Kindern schleichen sich jedoch schnell Gewohnheiten und Missverständnisse ein, die das Zusammenleben schwierig machen. Um beim Bild des Pflänzchens zu bleiben: Reißen Sie das Unkraut aus, das Ihre Liebe im Alltag zu ersticken droht – und schon ist Ihre Partnerschaft um einiges stressfreier.

Der erste Schritt dabei ist, Ihrem Partner keine Rollen aufzubürden, die er nicht erfüllen kann. Es überfordert jeden, wenn er neben Partner, Liebhaber und Vater/Mutter auch noch die Aufgaben von Bestem Freund, Seelendoktor, Vater-/Mutter-Ersatz, Ratgeber für alle Lebenslagen oder Beichtvater erfüllen muss. Auch sollten Sie niemals erwarten, dass er/sie Ihre Gedanken lesen kann. Sprechen Sie lieber klar aus, was Sie sich von ihm wünschen oder was Sie an ihm ärgert.

Oft benutzen wir »Fehler« unseres Partners als Ventil, um Dampf abzulassen, der sich aus ganz anderen Gründen aufgestaut hat. Aus einem banalen Anlass wie einer zehnminütigen Verspätung wird dann ein handfester Streit.

Fragen Sie sich deshalb immer, ob Ihre Reaktion dem Anlass angemessen ist und wo die eigentlichen Gründe für Ihren Ärger liegen könnten, bevor Sie in die Luft gehen. Vor allem Vorwürfe, die die Wörtchen »immer« oder »nie« enthalten, sind der Tod jeder vernünftigen Diskussion und sollten gründlich entsorgt werden. Sie urteilen den Partner pauschal ab und lassen kaum eine Chance auf Einigung, weil sie viel zu absolut und fast immer ungerechtfertigt sind. Auch ständiges Nörgeln zerstört im Nu die größte Liebe. Achten Sie darauf, mit Ihrem Partner selbst nach Jahren noch so liebevoll und respektvoll umzugehen wie in den ersten Monaten Ihres Zusammenlebens.

Und vergessen Sie nie, dass Sie und Ihr Partner trotz aller Gemeinsamkeiten zwei eigenständige Persönlichkeiten sind. Erwarten Sie daher nicht von Ihrem Liebsten, dass er genauso reagiert, denkt und handelt, wie Sie es tun würden.

Die lieben Kleinen

Viele Eltern können ein Lied davon singen: Nichts macht das Leben so abwechslungsreich, herausfordernd und intensiv wie ein Kind. Oder mit anderen Worten: Kinder können das Leben ganz schön anstrengend machen. Natürlich geben Sie einem dafür auch unendlich viel Freude und Liebe zurück, und ich habe noch keine Eltern getroffen, die ihre Kinder gegen ihr altes, weniger anstrengendes Leben zurücktauschen möchten. Aber man merkt doch, dass viele Eltern froh wären, wenn der Alltag mit den lieben Kleinen manchmal ein wenig stressärmer wäre.

Da jedes Kind seinen eigenen Charakter hat und es neben lieben, braven Engelchen nun mal auch kleine Rabauken und begabte Nervensägen gibt, kann ich Ihnen hier natürlich nicht in wenigen Worten die perfekte Erziehungsstrategie verraten, mit der Sie Ihren Nachwuchs im Nu zum stressfreien Wunderkind verwandeln. Oft liegt es ja auch nicht mal am Kind selbst, wenn das Leben mit ihm plötzlich anstrengend wird, sondern am Job, der zu wenig Zeit lässt, den nörgelnden Nachbarn oder dem fehlenden Kindergartenplatz.

Überlebenstipps für Eltern

Die folgenden Tipps für ein stressfreieres Elterndasein sind vielleicht altbekannt, aber dennoch wirksam, wenn man sich wirklich daran hält:

- Setzen Sie Ihrem Kind vernünftige, altersgemäße Grenzen, und achten Sie darauf, dass sie eingehalten werden – so wird die Welt für Ihr Kind überschaubarer und das Zusammenleben mit ihm wesentlich entspannter.
- Bleiben Sie konsequent. Wer sich immer wieder breitschlagen lässt, bringt seinem Kind damit nur bei, dass es bloß lange genug nerven und quengeln muss, damit es bekommt, was es will.
- Erwarten Sie nicht, dass Ihr Kind all Ihre Erwartungen erfüllt und von Anfang an vollkommen ist. Kinder lernen Tag für Tag unzählige Dinge, aber manchmal dauert es eben ein bisschen länger, bis sie auch das lernen, was ihre Eltern für wichtig halten. Oft sind dafür viele Anläufe und auch einige Fehler nötig. Übertriebener Perfektionismus bedeutet für Sie selbst mindestens ebenso viel Stress wie für Ihr Kind.
- Halten Sie Ängste und Sorgen im Zaum – mit übertriebener Ängstlichkeit machen Sie sich und Ihrem Kind nur das Leben schwer.

Was am meisten nervt

Die Mehrheit aller Eltern leidet am häufigsten unter drei Dingen: dass die lieben Kleinen die ganze Wohnung auf den Kopf stellen, dass mit Kindern alles drei Mal so lange dauert und dass sie zu Hause keine ruhige Minute haben, solange die Kleinen nicht im Bett liegen. Ich fürchte, es gibt keinen Trick, mit dem sich diese Dinge aus der Welt schaffen ließen: Kinder haben einfach einen anderen Ordnungssinn als Erwachsene (beziehungsweise noch gar keinen), sie sind in vielen Dingen einfach noch nicht so schnell, und wenn Mami oder Papi daheim sind, fordern sie sämtliche Aufmerksamkeit und Zuwendung ihrer wichtigsten Bezugspersonen.

Sie können sich das Leben mit Kindern allerdings leichter machen, indem Sie einen Raum, zum Beispiel das Schlafzimmer, als Ihr Reich reservieren, in dem nicht herumgetobt wird und Ihre Ordnung herrscht. Geben Sie andere Bereiche wie das Wohnzimmer mit der Auflage zum Spielen frei, dass zu bestimmten Zeitpunkten aufgeräumt wird (zum Beispiel abends). Bringen Sie Ihrem Kind das Aufräumen bei, indem Sie ihm helfen, jedes Ding immer wieder an seinen Platz zurückzubringen, und haben Sie Geduld dabei: Kinder brauchen viel Zeit, um zu lernen, wie man Dinge sortiert und sinnvoll ordnet. Planen Sie außerdem mit Kinder grundsätzlich doppelt so viel Zeit für jeden Weg und jede Aktivität ein – es hilft ungemein, wenn Sie dafür Ihre Aktivitäten weiter aussortieren und sich weniger Tätigkeiten vornehmen, die an feste Zeiten gebunden sind. Oft hilft es auch sehr, wenn Sie Ihr Kind am Putzen, Kochen, Aufräumen und all den anderen Dingen teilnehmen lassen, die Sie zu Hause zu tun haben – sie dauern vielleicht etwas länger, aber Ihr Kind ist beschäftigt und fühlt sich beachtet. Entwickeln Sie Ihre Multitasking-Fähigkeiten: Es ist durchaus möglich, gleichzeitig zu kochen und bei den Hausaufgaben zu helfen oder sich zu unterhalten, während man bügelt. Legen Sie darüber hinaus Auszeiten ein, in denen Sie wenigstens für kurze Zeit nicht gestört werden dürfen – auch kleine Kinder können mit etwas Übung begreifen, dass Mama oder Papa jetzt mal kurz Pause hat.

Die Beziehung zu den eigenen Eltern

Auch wenn die Familienbande nicht mehr ganz so stark sind wie in früheren Zeiten, ist die Beziehung zu den eigenen Eltern eine der wichtigsten, manchmal aber auch der schwierigsten in unserem Leben. Es fällt nicht immer leicht, auch im Verhältnis zu den eigenen Eltern souverän den Schritt vom Kind zum Erwachsenen zu vollziehen – der jedoch eine wichtige Voraussetzung für einen entspannten Umgang miteinander ist. Falls Ihre Eltern gegen Ihren Willen immer noch versuchen, Einfluss auf Ihr Leben zu nehmen und Sie mit ungefragten Ratschlägen überhäufen, sollten Sie ihnen offen, aber freundlich sagen, dass Sie ihnen für ihre Fürsorge danken, aber inzwischen Ihr eigenes Leben leben und deshalb nicht immer Rücksicht auf ihre Wünsche nehmen können. Die Voraussetzung dafür ist allerdings, dass Sie auch bewusst die bequeme Kinderrolle aufgeben und darauf verzichten, sich im Hotel Mama wie früher umsorgen zu lassen oder bei Bedarf Finanzspritzen der Eltern in Anspruch zu nehmen.

Ein unverkrampftes, freundschaftliches Verhältnis zu seinen Eltern ist etwas Wunderschönes. Dafür ist es allerdings nötig, alte familiäre

Verwicklungen und frühere Querelen hinter sich zu lassen. Viele Erwachsene tragen ihren Eltern immer noch nach, dass sie sich in ihrer Kindheit vernachlässigt oder überbehütet fühlten oder als Jugendliche oft Streit mit ihnen hatten. Hier hilft es, sich bewusst zu machen, dass die Eltern schließlich auch nur Menschen sind, die vielleicht mit Sorgen, Problemen oder widrigen Umständen zu kämpfen hatten und manchmal sicher auch einfach Fehler machten. Hören Sie Ihren Eltern daher aufmerksam zu, wenn sie von früheren Zeiten berichten, denn je mehr Sie über sie wissen, desto besser können Sie sie verstehen. Versuchen Sie auch, ohne Vorwürfe zu erzählen, wie Sie selbst belastende Situationen erlebt haben. Je mehr Sie und Ihre Eltern voneinander wissen, desto leichter fällt es, alte Verletzungen loszulassen und in der Gegenwart ein freundschaftliches Verhältnis aufzubauen.

Familienbande

Zwar ist keine andere Verwandtschaftsbeziehung so stark wie die zu den eigenen Eltern oder Kindern, aber auch Großeltern, Tanten, Onkel, Cousins, Cousinen, Schwägerinnen und Schwager und nicht zuletzt die lieben Schwiegereltern melden gelegentlich nicht zu knappe Ansprüche auf unsere Zeit und Zuwendung an. Bei harmonischen Familienverhältnissen, die es auch zulassen, einmal »Nein« zu sagen, ohne eine monatelange Familienkrise auszulösen, ist dies auch kein Problem. Schwieriger wird es, wenn die liebe Verwandtschaft nur aufgrund der Familienzugehörigkeit annimmt, jederzeit ungefragt Einfluss auf unser Leben nehmen zu dürfen.

Das einzige Gegenmittel: Bleiben Sie freundlich, aber bestimmt bei Ihren eigenen Ansichten und auf Ihrem eigenen Weg. Folgen Sie Ihrem Herzen, um herauszufinden, an welchen Verwandten Ihnen wirklich etwas liegt, und konzentrieren Sie Ihre Aufmerksamkeit auf diese. Mit dem Rest lässt sich am einfachsten klarkommen, wenn Sie übertriebene Pflichtgefühle ablegen und genauso höflich den nötigen Abstand zu Ihnen halten wie zu aufdringlichen, nervigen Kollegen.

Feiertage & Familienfeste vereinfachen

Nicht nur Weihnachten, auch andere Feiertage und Familienfeste führen regelmäßig zu Stress und mehr oder weniger großen Familienkrisen. Das muss nicht sein, wenn Sie die Feiertage konsequent vereinfachen. Der wichtigste Schritt dafür: Legen Sie jeden übertriebenen Perfektionismus ab, und verzichten Sie bewusst darauf, beweisen zu wollen, wie toll Sie alles organisieren können. Der meiste Stress entsteht nämlich, wenn man mit der besten Vorbereitung, dem besten Essen, der schönsten Dekoration und dem harmonischsten Ablauf glänzen will – je verkrampfter man darauf hinarbeitet, desto weniger Spaß macht das Fest selbst.

Konzentrieren Sie sich bei Festen auf die Dinge, die Ihnen wirklich Freude bereiten und am Herzen liegen, und lassen Sie alles weg, was niemandem besonders wichtig ist. Delegieren Sie Teile der Vorbereitung an andere Familienmitglieder, und akzeptieren Sie deren Umsetzung. Und vergessen Sie nicht: das Wichtigste am Fest ist nicht das Drumherum, sondern das fröhliche Beisammensein mit lieben Menschen.

Mehr Klarheit in Patchworkfamilien

Patchworkfamilien werden durch die hohe Trennungsrate immer häufiger, und das Leben darin ist nicht immer einfach. Wenn sich die Eltern trennen und einer oder beide mit einem neuen Partner zusammenleben, ist dies vor allem für die Kinder eine große Umstellung. Für die Erwachsenen dagegen ist es eine große Herausforderung, ein neues, harmonisches Familienleben zu kreieren. Noch größer wird die Herausforderung, wenn neue Partner auch neue Kinder in die Familie mitbringen.

Damit sich ein harmonisches Zusammenleben entwickeln kann, ist als erstes viel Geduld nötig. Kinder brauchen Zeit, um sich an Stiefeltern zu gewöhnen und Vertrauen zu ihnen zu entwickeln. Daher empfiehlt es sich, Betreuungs- und Erziehungsaufgaben erst dann zu übernehmen, wenn dieses Vertrauen schon sicher vorhanden ist. Stiefeltern können sich außerdem viel Frust und Ärger ersparen, wenn sie jeden Versuch unterlassen, den abwesenden leiblichen Elternteil übertrumpfen zu wollen. Wichtiger ist es, die starke Bindung zwischen Kind und Eltern einfach zu akzeptieren.

Die folgenden Tipps erleichtern die Herausforderung des Zusammenlebens in Patchworkfamilien:

- Sprechen Sie mit den Kindern offen über die neuen Familienverhältnisse, und gehen Sie auf ihre Fragen und Ängste ein.
- Verbringen Sie am Anfang bewusst so viel Zeit wie möglich zusammen und unternehmen Sie viel, um sich ausgiebig kennen zu lernen.
- Treten Sie nicht in Konkurrenz zu den »anderen« Eltern, vermeiden Sie es, sie abzuwerten oder gar gegen sie zu hetzen, und lassen Sie sich nicht vom Kind gegeneinander ausspielen.
- Gesprächsbereitschaft, Rücksichtnahme und Toleranz zwischen den Ex-Partnern machen das Leben für alle Beteiligten viel leichter – vor allem aber für die Kinder. Ihnen zuliebe sollte man auch in schwierigen Fällen ernsthaft versuchen, über den eigenen Schatten zu springen und auf vernünftige, erwachsene Weise miteinander umzugehen.
- Teilen Sie Verantwortung und Aufgaben vernünftig und klar auf.
- Finden Sie klare Regeln für das Zusammenleben in »Ihrer« Familie, und behandeln Sie eigene und angenommene Kinder gleichwertig und altersgerecht.

Die Kunst, Geschenke zu machen

»Kleine Geschenke erhalten die Freundschaft«, sagt das Sprichwort und zwar mit Recht. Auch innerhalb der Familie gibt es viele Gelegenheiten, bei denen Geschenke gemacht und auch erwartet werden: Geburtstage, Weihnachten, Hochzeitstage, der Valentinstag, Ostern und oft sogar der Namenstag – nicht zu vergessen besondere Anlässe wie ein hervorragendes Zeugnis, besondere Jubiläen oder eine Versöhnung. Eine ganze Geschenkartikel-Industrie lebt davon, dass Geschenke zum Leben einfach dazugehören, und bei Kindern ist die Geschenkeflut vor allem an Weihnachten manchmal schon so groß, dass die einzelnen Gegenstände leider gar nicht mehr richtig wahrgenommen werden.

Wenn Sie bei diesem Geschenkekarussell nicht mehr hilflos mitrotieren und sich besonders vor Weihnachten den Marathon durch die Fußgängerzone auf der Suche nach den richtigen Geschenken ersparen wollen, machen Sie damit vor allen Dingen sich selbst ein großes Geschenk: Sie sparen nicht nur viel Zeit, sondern auch Nerven und manchmal sogar richtig Geld.

Besorgen Sie Geschenke nie in letzter Sekunde, sondern ruhig schon um einiges früher (bei Kindern aber nicht mehr als einen Monat vor dem Beschenkungstermin, weil sich ihre Interessen schnell ändern können). Notieren Sie sich dafür die Wünsche und Interessen Ihrer Lieben und all derer, denen Sie einmal etwas schenken wollen – das schützt vor dem leidigen Kopfzerbrechen, was man denn nur schenken soll. So fällt es auch leicht, auf Allerweltsgeschenkartikel zu verzichten, die nur von Einfallslosigkeit zeugen, denn Ihr Geschenk macht viel mehr Eindruck, wenn es zum Beschenkten passt oder ein Ausdruck Ihrer eigenen Persönlichkeit ist. Auch ein selbstgestalteter Gutschein für eine baldige gemeinsame Unternehmung ist um einiges besser als unpersönliche Deko- oder Spaß-Artikel.

Messen Sie den Wert eines Geschenks auch nie an seinem Preis: Schenken Sie lieber etwas Kleines, das dafür wirklich von Herzen kommt. Eine schöne Verpackung macht ein Geschenk schließlich zu etwas ganz Besonderem. Wenn Sie selbst keine Begabung dafür haben, lassen Sie sich dabei einfach helfen: von Freunden oder notfalls vom Einpack-Service.

Freundschaften pflegen

In Zeiten, in denen das soziale Netz immer wichtiger wird, investieren viele Menschen viel Zeit und Energie in die Pflege ihrer Freundschaften. Freunde sind auf einer anderen Ebene ebenso wichtig für unser Leben wie unsere Familie. Sie geben uns Halt, schützen uns vor Einsamkeit, und es schenkt viel Glück und Zufriedenheit, wenn wir mit ihnen unsere Zeit und Erlebnisse teilen können.

Freundschaft basiert dabei nicht nur auf gegenseitiger Zuneigung und auf dem Vertrauen, das wir uns gegenseitig schenken, sondern auch auf einem ausgewogenen Verhältnis von Abstand und Nähe. Unsere Verwandten können wir uns nicht aussuchen. Unsere Freunde dagegen können wir nach gemeinsamen Interessen, gemeinsamen Erlebnissen und der Zuneigung, die wir uns entgegenbringen selbst auswählen – und das sollten wir auch bewusst tun.

Wichtig für eine gute Freundschaft ist nicht so sehr, wie viel Zeit man miteinander verbringt, sondern wie wichtig man einander ist.

Gute Freunde wissen, dass sie auch nach einer längeren Trennung immer noch füreinander da sind.

Um die Freundschaft zu pflegen, ist es außerdem wichtig, sich Zeit füreinander zu nehmen und besonders in schlechten Zeiten füreinander da zu sein, und sich gegenseitig so anzunehmen, wie man ist, mit all seinen Stärken und Schwächen. Unter Freunden sollte es immer möglich sein, ehrlich zueinander zu sein, sich nicht zu verstellen und offen über alles zu sprechen, was einem auf dem Herzen liegt. Daher ist es auch wichtig, aufmerksam zuzuhören und vertrauliche Informationen stets für sich zu behalten. Echte Freunde haben Interesse am Leben des jeweils anderen und verfolgen am besten mindestens ein gemeinsames Interessensgebiet. Es versteht sich von selbst, einem Freund Rat und Hilfe zu gewähren, wann immer es nötig und möglich ist. Wir sollten aber auch mutig genug zu sein, um einen Freund vor falschen Entscheidungen zu warnen und ihn davon abzuhalten, sich selbst zu schaden – aber auch lernen zu akzeptieren, wenn er trotzdem tut, was er will.

Falsche Freunde entlarven

Oft zeigt sich erst in schwierigen Zeiten, wer unsere wahren Freunde sind – sie sind immer noch da, wenn sich alle anderen längst aus dem Staub gemacht haben. Es lohnt sich jedoch, schon vorher einen genauen Blick auf unseren Freundeskreis zu werfen, um herauszufinden, ob sich darin nicht auch falsche Freunde verbergen.

Falsche Freunde kosten Zeit und Energie, weil ihnen nichts an Ihnen selbst liegt, sondern nur an dem, was sie von Ihnen bekommen können: Ihre Aufmerksamkeit, Ihre Zeit, Ihre Zuneigung und nicht selten auch Ihre Unterstützung und Ihr Geld. Sie bekommen von ihnen aber nichts von all dem zurück, was wahre Freundschaft ausmacht. Vielleicht erscheint es Ihnen hart, eine Freundschaft als Kosten-Nutzen-Rechnung aufzumachen. Aber gegenseitiges Geben und Nehmen gehört zum Wesen der Freundschaft nun mal einfach dazu – und wenn es keine Balance zwischen Geben und Nehmen gibt, dann ist die sogenannte »Freundschaft« nur eine Zweckbeziehung, in der einer den anderen auszunutzen versucht.

Auf diese falschen Freunde können Sie ganz sicher verzichten:

- »Freunde«, von denen Sie nur hören, wenn es ihnen schlecht geht und sie jemanden brauchen, dem sie ihr Leid klagen können.
- »Freunde«, die Sie nur anrufen, wenn sie etwas von Ihnen brauchen oder Sie um einen Gefallen bitten wollen.
- »Freunde«, bei denen Ihnen nach jedem Gespräch auffällt, dass Sie selbst dabei kaum zu Wort gekommen sind.
- »Freunde«, die keine Rücksicht darauf nehmen, ob Sie gerade beschäftigt sind, und Ihnen bedenkenlos die Zeit stehlen.
- »Freunde«, die Sie zu Dingen verleiten oder überreden, die Sie sonst aus gutem Grund nie tun würden, weil sie Ihnen schaden.
- »Freunde«, die sich aus dem Staub machen, wenn es Ihnen schlecht geht und erst nach überstandener Krise wieder auftauchen.
- »Freunde«, die Ihr Vertrauen missbrauchen, Vertrauliches ausplaudern oder anderen gegenüber schlecht über Sie sprechen.

Wochenende ohne Freizeitstress

Wie war Ihr letztes Wochenende? Sind Sie am Montag erholt in die Arbeit gekommen, voll Tatendrang und Energie für die neue Woche? Oder hätten Sie nach dem Wochenende eher noch mal ein paar Tage gebraucht, um sich von Ihren vielen Freizeitaktivitäten zu erholen?

Freizeitstress ist schrecklich: Obwohl die Freizeit eigentlich dazu da ist, sich von der Arbeit zu erholen, alle Viere von sich zu strecken und es sich einmal so richtig gut gehen zu lassen, hat uns der Stress inzwischen sogar dort eingeholt. Echte Mußestunden scheinen vom Aussterben bedroht zu sein: Die Angst vor der Langeweile treibt viele Menschen dazu, sich in unzählige Freizeitaktivitäten zu stürzen, um ihre Freizeit so abwechslungsreich und unterhaltsam wie möglich zu verbringen. Manchmal macht es sogar den Eindruck, als wollten sie ihre Freizeit möglichst schnell hinter sich bringen. Vielleicht haben wir es einfach verlernt, einmal nichts zu tun, die Seele baumeln zu lassen und in den Tag hinein zu träumen – schließlich leben wir in einer geschäftigen Welt.

Probieren Sie doch einfach einmal aus, wie viel leichter und entspannter Ihr Leben ohne Freizeitstress sein kann: Reservieren Sie mindestens einen Monat lang einen Tag pro Woche als Mußetag, am besten den Sonntag.

Bleiben Sie an diesem Tag bewusst zu Hause, laden Sie niemanden ein und gehen Sie am besten auch nicht ans Telefon. Dann nehmen Sie sich fest vor, den größten Teil des Tages mit Schlafen, Kuscheln, Dösen, Träumen oder Plaudern zu verbringen. Üben Sie dabei aber keinen Druck aus, und zwingen Sie auch kein Familienmitglied, bei Ihnen zu bleiben. Wenn Sie Lust auf ein Spiel oder auch auf etwas Fernsehen haben, gönnen Sie es sich, und machen Sie es sich danach wieder gemütlich. Anfangs kostet es vielleicht etwas Überwindung, einfach gar nichts zu machen – schließlich gäbe es ja so viel zu tun ... Aber wenn Sie dabei bleiben, werden Sie schon nach wenigen Mußetagen bemerken, dass auch Sie selbst viel ruhiger geworden sind und Ihnen viele Ihrer früheren Freizeitaktivitäten nicht im geringsten fehlen.

Feste feiern

Partys und Feste mit netten Leuten zu feiern, macht das Leben doppelt so schön – wenn da nicht die viele Arbeit wäre, die vorher und nachher zu bewältigen ist. So geht alles einfacher:

- Feiern Sie zu Hause nur mit so vielen Freunden, wie Sie bequem im Wohnzimmer oder im Garten unterbringen können, und machen Sie lieber öfter ein kleines Fest als alle Jubeljahre eines mit 100 Gästen. Große Feiern und Teenager-Partys lagern Sie in Gaststätten, Vereinsheime, Jugendheime oder andere Räumlichkeiten aus – so versinkt Ihr Zuhause nicht im Chaos.
- Nehmen Sie jede Hilfe an, die Ihnen angeboten wird – ob zum Dekorieren, zum Kochen, zum Aufräumen oder indem jemand etwas mitbringt. Zusammen geht alles viel schneller, und die Arbeit macht viel mehr Spaß.
- Geben Sie jedem Helfer eine klare Aufgabe, und machen Sie einen Plan, um den Überblick zu behalten – so vermeiden Sie es, dass alle Kartoffelsalat mitbringen, aber niemand etwas zu trinken, und dass nach der Party keine helfenden Hände mehr vorhanden sind.

Entspannt ausgehen

Routinierte Partygänger schaffen es in kürzester Zeit, sich für jede Gelegenheit in die richtige Schale zu werfen, aber wer nicht so gut in Übung ist, kann schon bei der Auswahl des richtigen Outfits ganz schön ins Schwitzen kommen.

Was Sie anziehen, kommt natürlich auf die Umstände an – wie Sie es schaffen, pünktlich und entspannt aus dem Haus zu gehen, ist hingegen eigentlich ganz einfach. Planen Sie dafür grundsätzlich eine Stunde ein, um sich zurechtzumachen – und eine weitere Stunde, um sich vorher noch etwas auszuruhen sowie als Puffer, falls doch noch etwas dazwischenkommt. Auch der Babysitter sollte in diesen zwei Stunden schon da sein und dafür sorgen, dass Sie wirklich Zeit für sich haben. Dann erkundigen Sie sich rechtzeitig, ob Sie ein bestimmtes Outfit brauchen. Probieren Sie mindestens drei Tage vorher alles an, was Sie anziehen wollen, und wählen Sie passende Schuhe, Accessoires und Schmuck aus. Nun müssen Sie das Outfit Ihrer Wahl nur noch griffbereit in den Schrank hängen und konsequent bei Ihrer Entscheidung bleiben.

Urlaubsplanung & Reisen

Wohin geht Ihre nächste Reise – wählen Sie den Stau auf der Autobahn gen Süden, oder verbringen Sie Ihre Wartestunden lieber beim Check-In am Flughafen?

Wer in den Urlaub fährt, will sich erholen, aber leider ist schon die Reise zum Feriendomizil oft mit einer ganzen Menge Stress verbunden. Die Reise und die Rücktrittsversicherung werden zwar schon Monate im Voraus gebucht – aber die eigentliche Reisevorbereitung erledigen viele Menschen immer noch in wenigen, nervenaufreibenden Stunden kurz vor der Abreise. Ersparen Sie sich beim nächsten Urlaub doch einfach mal den ganzen Stress! Das geht mit den folgenden Tipps am leichtesten:

- Machen Sie gleich nach der Buchung eine ausführliche Liste mit allem, was Sie vor der Abreise erledigen müssen: Visa beantragen, Impfungen kontrollieren, Reiseapotheke packen, Haus-, Pflanzen-, Tier- und/oder Babysitter finden, das Auto durchchecken, Geld wechseln, Reiseführer kaufen, die Zeitung abbestellen, das Wasser abstellen und nicht zuletzt natürlich Koffer packen.

- Kümmern Sie sich sofort um alles, was eventuell etwas länger dauert, vor allem um Visa, Impfungen, einen Werkstatttermin für Ihr Auto und vorsorglich auch schon um die Betreuung von Haus und Haustieren.
- Nehmen Sie vier Wochen vor Abreise Ihre Liste zur Hand und erledigen Sie alles übrige, was darauf steht. Erkundigen Sie sich, was Sie für Ihr Urlaubsziel eventuell an speziellem Gepäck brauchen, schreiben Sie eine umfassende Packliste, und kaufen Sie alles ein, was fehlt. Buchen Sie spätestens jetzt fest zuverlässige Haus- und/oder Hundesitter.
- Reduzieren Sie Ihre Essensvorräte in Kühlschrank und Tiefkühltruhe – was weg ist, kann nicht verderben.
- Schreiben Sie ausführliche Anweisungen für Haus- und Hundesitter, damit Sie beruhigt wegfahren können.
- Packen Sie mindestens 24 Stunden vor Abreise Ihre Koffer, und legen Sie Tickets, Reiserouten, alle wichtigen Dokumente und die Reisekasse bereit. Nun haben Sie noch genug Zeit, um Ihr Zuhause so aufzuräumen, dass Sie nach dem Urlaub gerne wieder zur Tür hereinkommen, und sich schon vor der Reise etwas auszuruhen.

Körper, Geist und Seele

Ihr Zuhause und Ihr soziales Umfeld haben Sie nun schon von Unordnung und Gerümpel befreit. Nun kommen wir zum Kern Ihres Lebens: zu Ihnen selbst. Gesundheit und Glück rangieren nicht umsonst in jeder Untersuchung, in der Menschen danach gefragt werden, was für sie am wichtigsten ist, zuverlässig auf den vordersten Plätzen. So, wie Sie Ihr Leben bisher von belastendem Gerümpel und überflüssigen Aktivitäten befreit haben, werden Sie nun auch Körper, Seele und Geist von unnötigem Ballast befreien.

Denken Sie dabei jetzt bitte nicht einfach nur an überflüssige Pfunde: Es ist zwar sehr befreiend, sich von solchem Ballast zu trennen, aber ich habe noch kein Wundermittel gefunden, mit dem es im Handumdrehen zu erledigen ist. Daher möchte ich Ihnen zunächst einmal dabei helfen, Licht in den Dschungel der Ernährungs- und Gesundheitsratschläge zu bringen und sich von negativen Gedanken, Ängsten und Sorgen zu befreien. Und wer weiß – vielleicht fällt danach auch das Abnehmen leichter.

Richtig genießen – Qualität ist alles, Quantität ist nichts

»Qualität statt Quantität« – dieses Entrümpelungsmotto gilt ganz besonders, wenn es um Sie selbst geht. Inzwischen haben Sie vielleicht schon festgestellt, wie sehr Ihre Lebensqualität steigt, wenn Sie sich von belastendem Gerümpel befreien und sich mit einer überschaubaren Anzahl von schönen, qualitativ hochwertigen Dingen umgeben. Genauso wie Ihr Zuhause profitiert auch Ihr Körper davon, wenn Sie konsequent auf Qualität achten und dafür ab sofort jedes »Zuviel« beiseite lassen.

Vor allem beim Essen lohnt es sich, statt auf große Portionen, die auf Dauer sowieso nur dick machen, auf hochwertige Zutaten zu achten – sie sind nicht nur gesünder, sondern verwöhnen Sie auch mit einem viel abwechslungsreicheren und intensiveren Geschmack. Aber auch Ihre Haut wird es Ihnen danken, wenn Sie statt dutzender verschiedener Cremes, Lotionen und Wässerchen einige wenige, aber gute Produkte verwenden – selbst Dermatologen bestätigen, dass der ständige Wechsel zwischen verschiedenen Wirkstoffen die Haut sogar eher irritiert, als sie zu pflegen.

Körperpflege & Kosmetika – was brauche ich wirklich?
Haben Sie beim Entrümpeln Ihrer Wohnung auch schon Ihr Bad von allem Überflüssigen befreit? Falls nicht, wird es jetzt höchste Zeit dafür. Nicht umsonst ist seit einiger Zeit auf Kosmetikverpackungen abgedruckt, wie viele Monate die Produkte nach dem Öffnen haltbar sind – in vielen Badezimmern finden sich in den hinteren Reihen der Schränkchen und Regale etliche Tuben und Fläschchen, die schon seit Monaten niemand mehr benutzt hat.

Aber nicht nur alte, unbenutzte Körperpflege- und Kosmetikartikel laden zum Entrümpeln ein. Auch unter den Dingen, die Sie vielleicht doch das eine oder andere Mal benutzen, kann sich einiges verbergen, was eigentlich zutiefst überflüssig ist – oder sogar schadet. Wer allzu viele verschiedene Cremes, Lotionen und Make-up-Produkte benutzt, riskiert, dass seine Haut irgendwann gereizt auf das Durcheinander verschiedener Wirk- und Inhaltsstoffe reagiert.

Sortieren Sie die Bestände in Ihrem Badezimmer doch auch einmal nach der Vier-Kisten-Methode:

- Müll: Hier hinein kommt alles, was uralt oder eingetrocknet ist oder einen seltsamen Geruch hat. Außerdem alles, was Sie seit mehr als sechs Monaten nicht benutzt haben, Deos, die nicht wirken, alte Zahnbürsten, Kosmetikproben, die seit Wochen unbenutzt herumliegen, Make-up-Artikel in Farben, die Ihnen eigentlich nicht stehen oder aus der Mode sind.
- Aufbrauchen: Artikel, die in mehreren Versionen vorhanden sind, und Produkte, die Sie eigentlich nicht brauchen, aber auch nicht einfach wegwerfen wollen, kommen in diese Kiste und werden möglichst zügig aufgebraucht – danach nicht wieder nachkaufen! Was nach sechs Monaten noch da ist, wandert in den Müll.
- Einordnen: Alles, was Sie ständig benutzen oder immer wieder brauchen. Ordnen Sie diese Dinge so ein, dass sie übersichtlich und leicht erreichbar sind.
- Vorräte: Rasierklingen, Zahnbürsten, Wattepads und ähnliches wird oft in Mehrfachpackungen verkauft. Verstauen Sie die Vorräte in einer Schublade oder einem Extra-Fach, und werfen Sie stets einen Blick hinein, bevor Sie etwas nachkaufen.

Gesundheitspflege leichtgemacht

Leiden Sie an Mangelernährung? Vermutlich kaum – in den Industriestaaten kommen echte Mangelerscheinungen nur bei einer extrem einseitigen Ernährungsweise vor. Trotzdem boomt der Markt für Nahrungsergänzungsmittel wie Vitaminpillen und Mineralienmischungen sowie allerlei Extrakte aus den verschiedensten gesundheitsfördernden Pflanzen. Ich möchte nicht bestreiten, dass natürliche Vitamine oder pflanzliche Wirkstoffe eine gesundheitsfördernde Wirkung besitzen – aber dennoch wird es niemanden gesünder oder glücklicher machen, wenn er sich Tag für Tag durch eine Sammlung an Pillen und Pülverchen arbeitet, während er den Rest seines Lebens im Chaos versinken lässt.

Unzählige Forschergenerationen versuchten bereits, das Geheimnis der Menschen zu entschlüsseln, die gesund und glücklich ein hohes Alter erreichen. Eine allgemeingültige Antwort fanden sie dabei nicht. Die Befragten gaben als ihr »Geheimnis« nahezu alles von strengem Fasten, gymnastischen Übungen, einer täglichen Knolle Knoblauch bis hin zum täglichen Schnäpschen mit Zigarre an.

Gemeinsam scheint vielen gesunden, alten Menschen zu sein, dass sie im großen und ganzen zufrieden mit ihrem Leben sind – aber eine solche Zufriedenheit lässt sich eben immer noch nicht auf Rezept verschreiben.

Neue Ratschläge für ein gesundes Leben bekommt man heute an jeder Ecke. Wer sie alle befolgen wollte, der hätte bald für nichts anderes mehr Zeit. Die Basis fast aller wirksamen Gesundheitsstrategien bilden allerdings drei einfache Prinzipien: eine abwechslungsreiche, ausgewogene und maßvolle Ernährung, viel Bewegung, die aber nicht zu anstrengend sein sollte, und genug Schlaf und Entspannung als Ausgleich zur Hektik unseres Alltags. Wer diese Prinzipien in sein Leben integriert, muss längst nicht mehr jedem neuen Gesundheitstrend hinterherlaufen. So können Sie sich auf die Weise gesund ernähren, genug bewegen und entspannen, die für Sie persönlich am angenehmsten ist und Ihnen am meisten Spaß macht. Und wenn Sie Ihr gesundes Leben dann auch noch mit tiefer Zufriedenheit erfüllt, haben Sie damit vielleicht Ihr persönliches Geheimnis für ein langes, gesundes und glückliches Leben gefunden.

Im Dschungel der Ernährungstipps

Ernährungstipps gibt es wie Sand im Meer, und fast nirgendwo herrscht so viel Uneinigkeit: Was der eine Ratgeber verdammt, das lobt der nächste. Falls auch Ihr Bücherregal unter der Last der Ratgeber und Kochbücher ächzt, haben Sie es hoffentlich bei Ihren bisherigen Entrümpelungsaktionen schon von einigen Pfunden befreit. Falls nicht, sollten Sie es jetzt tun.

Befreien Sie sich von allen Ernährungsbüchern, die einseitige, unausgewogene Diäten anpreisen, oder die unzähligen Einsatzmöglichkeiten einzelner Lebensmittel wie Papayas oder Grapefruits abhandeln, die Ihnen leider noch nie besonders geschmeckt haben. Lassen Sie diesen dann umgehend alle Kochbücher folgen, die in den letzten drei Jahren kein einziges Mal aus dem Regal geholt wurden, die Rezepte derart knapp und/oder unverständlich beschreiben, dass Sie stattdessen doch lieber Bratkartoffeln mit Rührei machen, oder derart exotische Rezepte enthalten, dass Sie die Zutaten nirgends bekommen und sich beim besten Willen nicht vorstellen können, wie das Essen schmeckt.

Überflüssige Pfunde

Am belastendsten ist das Thema »Ernährung« für die wachsende Zahl übergewichtiger Menschen. Statt unzähliger Ratschläge brauchen Sie vor allem etwas Geduld, viel Bewegung und viele Kalorien weniger. Um die auszusortieren, ist der bekannte Ampel-Trick sehr hilfreich – und vor allem wirklich leicht umzusetzen:

Besorgen Sie rote und grüne Klebepunkte, und verzieren Sie alle Lebensmittel im Haus damit. Rote Punkte kommen auf alles Kalorienreiche, das viel Zucker und/oder Fett enthält, grüne Punkte auf den kalorienarmen und gesunden Rest. Nun sehen Sie auf den ersten Blick, ob ein Lebensmittel gut (grün) oder schlecht (rot) für Ihr Gewicht ist. Gewöhnen Sie sich dann an, die »roten« Produkte so oft wie möglich durch »grüne« zu ersetzen – vor allem, wenn Sie in Naschlaune sind. Je weniger Sie darüber nachdenken, desto schneller werden Sie damit vertraut, spontan nach grünen Punkten zu greifen. Achten Sie außerdem darauf, immer mindestens doppelt so viele »grüne« wie »rote« Lebensmittel im Haus zu haben.

Einfach essen

Das Essen macht wenig Freude, wenn man ständig darüber nachdenkt, wie gesund oder ungesund die Speisen sind, die man gerade zu sich nimmt. Dabei gehören gerade Stress und Sorgen zu den Dingen, die beim Essen außen vor bleiben sollten – denn sie schlagen wirklich auf den Magen und verführen dazu, mehr zu essen, als man eigentlich bräuchte. Befreien Sie sich also Ihrer Gesundheit und Ihrer schlanken Linie zuliebe aus dem Dickicht widersprüchlicher Ernährungstipps, die sich auf dem Ratgebermarkt tummeln, und konzentrieren Sie sich auf die folgenden, einfachen und erprobten Punkte:

- Essen Sie vielseitig und abwechslungsreich. So brauchen Sie keine Mangelerscheinungen zu fürchten und können sich alle Nahrungsergänzungsmittel sparen. Probieren Sie regelmäßig etwas Neues, und orientieren Sie sich beim Einkaufen an dem, was die Saison bietet.
- Essen Sie viel Obst und Gemüse – je frischer, desto besser. Bevorzugen Sie dabei einheimische Produkte, und probieren Sie auch die Vielfalt verschiedener Sorten. Beim Gemüsehändler gibt es oft eine größere Auswahl als im Supermarkt.

❧ Achten Sie auf Ihren Appetit, Ihre Vorlieben und Ihr Sättigungsgefühl. Ein »trainierter« Appetit, der durch abwechslungsreiches Essen viele Geschmäcker kennt, kann leichter seine eigentliche Aufgabe erfüllen: uns mitzuteilen, welche Nahrungsmittel unseren aktuellen Bedarf an Nährstoffen gerade am besten decken. Was uns partout nicht schmecken will, ist dagegen oft auch etwas, das unser Körper nicht gut verträgt – auch wenn es als noch so gesund gilt. Essen Sie außerdem langsam, und achten Sie bewusst darauf, wann Sie satt sind.

❧ Kochen Sie so oft wie möglich selbst mit frischen Zutaten. Viele Fertiggerichte enthalten zu viele Kalorien, zweifelhafte Zusatzstoffe und verführen dazu, zu große Portionen zu essen. Außerdem sind sie teuer. Machen Sie bei Bedarf einen Kochkurs, um die wichtigsten Grundkenntnisse zu lernen – Ihre Gesundheit und Ihr Geldbeutel werden es Ihnen danken.

❧ Verwenden Sie nicht zu viel Fett, und ersetzen Sie tierische Fette (wie Butter) durch hochwertige pflanzliche Fette wie Olivenöl. Gehen Sie maßvoll mit Zucker und Salz um, und ersparen Sie sich übertrieben große Portionen.

Nobody is perfect

Dass übertriebener Perfektionismus viel Zeit kostet, wissen Sie ja bereits. Aber wissen Sie auch, wie viel Lebensfreude und Lebenskraft er Ihnen raubt?

Es ist an sich ja nichts Schlechtes, wenn man wichtige Dinge so gut wie möglich machen will. Die Betonung sollte dabei allerdings klar auf dem »wie möglich« liegen, absolute Perfektion ist in einer chaotischen, wandelbaren Welt nämlich nicht zu erreichen. Wer es dennoch versucht, muss feststellen, dass der nötige Aufwand ab einem gewissen Punkt den Nutzen dieser Perfektion weit übersteigt, und sollte deshalb vernünftigerweise auf diese unsinnige Anstrengung verzichten. Das Streben nach Perfektion ist ein nützlicher Wegweiser, wenn man eine Sache möglichst gut machen will – aber nur solange man sich bewusst ist, dass man die absolute Perfektion niemals erreichen wird.

Wer sich damit quält, beim Putzen noch das letzte Stäubchen hinterm Schrank hervorzuholen, das Bad auf Hochglanz zu polieren und stets makellos reine Fenster zu haben, der wird an der Hausarbeit nicht viel Freude haben. Wer beim Sport stets der Beste sein muss, mit der besten Ausrüstung und den besten Ergebnissen, der wird seine tatsächlichen Erfolge kaum noch genießen können – denn es könnte ja sein, dass das nächste Mal einer besser ist als er. Wer wie ein Wunderkind musizieren will, ohne zufälligerweise wirklich eines zu sein, der wird nur wenig Spaß an der Musik haben und sich mit unzähligen Übungsstunden auch noch eine Menge Zeit rauben.

Perfektionismus ist wie ein Laster, das bei jeder Gelegenheit nimmt, aber kaum etwas dafür zurückgibt – entsorgen Sie es! Freunden Sie sich daher lieber damit an, auch mal fünfe gerade sein zu lassen und das Leben in all seiner Unvollkommenheit zu lieben – denn gerade sie ist es, die es erst so spannend, abwechslungsreich und liebenswert macht. Daher gilt auch beim Entrümpeln: Bitte kein Perfektionismus! Entrümpeln soll Spaß machen und Ihr Leben erleichtern – und das kann es nur, wenn Sie es ganz bewusst von jedem Zwang zur Perfektion befreien.

Den inneren Kritiker zum Schweigen bringen

»Das schaffe ich nie!« und »Das wird niemals klappen!« sind die Klassiker unter den negativen Gedanken. Mit ihrer Hilfe versucht unser innerer Kritiker uns davon abzuhalten, Neuland zu betreten, Wagnisse einzugehen und zu zeigen, was wirklich alles in uns steckt. Der innere Kritiker ist der Teil von uns, der uns stets vor all den Gefahren zu schützen versucht, die neue, unbekannte Situationen, Aufgaben und Herausforderungen nun mal so mit sich bringen. Wenn es nach dem inneren Kritiker ginge, hätten unsere Vorfahren niemals die schützende Höhle verlassen – und am besten wären sie gar nicht erst von den sicheren Bäumen gestiegen.

Die negativen Gedanken des inneren Kritikers können uns das Leben wirklich unnötig schwer machen. Sie schüren unsere Ängste und machen es deshalb noch schwieriger, das anzugehen, was uns sowieso schon schwer genug erscheint: einen neuen Job anzutreten, einen netten Menschen anzusprechen, wichtige Entscheidungen zu treffen oder unser Leben wirklich endlich selbst in die Hand zu nehmen und es aktiv zu gestalten.

Der innere Kritiker ist dabei natürlich nichts anderes als ein Teil von uns selbst: unsere pessimistische Seite, die an allem stets das Negative sieht. Wer den Zweifeln, den negativen Gedanken und der Selbstkritik, die uns das Leben manchmal so schwer machen, mit seiner Hilfe ein Gesicht verleiht, kann jedoch viel leichter damit umgehen.

Entrümpeln können Sie den inneren Kritiker allerdings nicht. Er verliert jedoch viel von seiner Macht, wenn Sie ihn nicht länger als angsteinflößendes Hindernis, sondern selbst als eine Herausforderung betrachten. Sobald die negativen Gedanken auftauchen, sollten Sie sich zwei Dinge fragen: »Will ich wirklich?« und »Was passiert, wenn ich es nicht tue?« Nichts bringt den inneren Kritiker schneller zum Schweigen als Ihr fester Wille und die Aussicht auf schlimme Folgen, falls man auf ihn hört.

Wer aus Angst nicht zu einer Prüfung erscheint, wird sie garantiert nie bestehen. Wer den netten Menschen nicht anspricht, bleibt weiter allein. Aber wer erkennt, dass er den Job wirklich haben will, wird sich auch nicht länger vor dem Vorstellungsgespräch drücken wollen und den inneren Kritiker überwinden.

Negative Gedanken auflösen

Negative Gedanken können eine große Belastung sein. Wer von Natur aus ängstlich, schüchtern und unsicher ist, dem fällt es oft besonders schwer, seinen inneren Kritiker zum Schweigen zu bringen. Daher möchte ich Ihnen noch einige wirksame Techniken vorstellen, mit deren Hilfe sie sich leichter von negativen Gedanken befreien können. Wenden Sie diese Techniken nicht erst an, wenn die Last der negativen Gedanken zu schwer wird: Sie helfen Ihnen auch vorher schon dabei, einen entspannteren Umgang mit Ihrem persönlichen inneren Kritiker zu entwickeln.

Sie können sich im Folgenden die Technik aussuchen, die Ihnen am besten gefällt. Noch wirksamer ist es allerdings, wenn Sie alle Methoden ausprobieren und miteinander abwechseln.

- In akuten Fällen von negativen Gedanken hilft Ihnen die »So-tun-als-ob«-Methode schnell aus der Klemme. Lassen Sie Ihren inneren Kritiker alleine zweifeln – und betrachten Sie die Situation als Spiel, bei dem Sie so tun, als ob: als ob Sie souverän flirten, eine begeisternde Rede halten oder sich jemandem gekonnt vorstellen.

❧ Visualisierungen helfen gegen negative Gedanken, die über längere Zeit immer wieder auftauchen. Versenken Sie sich dafür jeden Abend, bevor Sie einschlafen, in ein schönes Bild Ihrer Zukunft, in der Sie alle aktuellen Herausforderungen wohlbehalten überstanden haben. Am besten wirkt die Methode, wenn Sie sich nicht einfach nur mit einem Sprung in die Zukunft versetzen, sondern sich auch Ihren Weg dorthin in schönen Farben ausmalen. Sehen Sie dabei deutlich vor sich, wie Sie selbst aktiv Ihren Weg und Ihre Zukunft gestalten und sich alles zum Guten wendet.

❧ Der Gedanken-Stopp ist eine erprobte Methode aus der Verhaltenstherapie, mit der sich besonders im Kreis laufende negative Gedanken unterbrechen lassen: Sagen Sie jedes Mal, wenn negative Gedanken auftauchen, innerlich laut »Stopp!«, und denken Sie an etwas anderes. Natürlich tauchen die Gedanken danach zuerst wieder auf – dann stoppen Sie sie erneut. Bleiben Sie dabei so lange am Ball, bis Ihr innerer Kritiker irgendwann klein beigibt. Je öfter Sie die Methode anwenden, desto weniger »Stopps« sind nötig, um die negativen Gedanken ganz aufzulösen.

Selbsterfüllende Prophezeiungen

Negative Gedanken wie »Das geht sicher schief«, »Ich bekomme den Job bestimmt nicht« oder »Das lerne ich nie« machen nicht nur das Leben schwer, sie wirken oft genug auch als selbsterfüllende Prophezeiungen.

Selbsterfüllende Prophezeiungen sind keine besondere Art von Hellseherei, sondern ein gut erforschtes psychologisches Phänomen: Stellen Sie sich vor, Sie entdecken unter den Gästen auf einer Party plötzlich Ihren Traumpartner – einen Menschen, dessen Anblick Ihnen die Sprache verschlägt und Ihr Herz bis zum Hals klopfen lässt. Leider kennen Sie diese Person noch nicht und müssen erst mal mit ihr ins Gespräch kommen. Nun springt das leidige Gedankenkarussell an: Sätze wie »Ich werde kein Wort herausbekommen«, »Er/sie interessiert sich sicher nicht für mich« oder »So viel Glück habe ich doch gar nicht verdient« kreisen durch Ihren Kopf und machen es Ihnen mit jeder Wiederholung schwerer, den entscheidenden Schritt zu tun und das Objekt Ihrer Begierde anzusprechen. Schließlich nehmen Sie all Ihren Mut zusammen und wagen es doch – und was passiert? Sie bekommen kaum ein Wort heraus, Ihr Gegenüber ist sichtlich gelangweilt, und am Ende verlassen Sie die Party doch wieder allein.

Obwohl Sie sich über die Zweifel Ihres inneren Kritikers hinweggesetzt haben, sind Ihre schlimmsten Befürchtungen wahr geworden. Dies liegt aber nicht daran, dass der innere Kritiker recht gehabt hätte – statt dessen haben Sie sich mit Ihren selbsterfüllenden Prophezeiungen selbst die Stolpersteine in den Weg gelegt. Wenn wir nur fest genug von etwas überzeugt sind, lässt unser Unterbewusstsein nämlich keine Gelegenheit aus, diese Überzeugung wahr werden zu lassen. Leider funktioniert dies auch – und zwar besonders gut – bei negativen Überzeugungen: Wer fest daran glaubt, etwas nicht zu können, der ist von Anfang an nur mit halber Motivation bei der Sache – und steigert damit die Wahrscheinlichkeit, dass er es wirklich nicht schafft.

Stoppen Sie solche selbsterfüllenden Prophezeiungen deshalb sofort mit dem »Gedanken-Stopp« aus dem vorangegangenen Kapitel.

Vom Schwarzseher zum Optimisten

Negative Gedanken und selbsterfüllende Prophezeiungen können einen regelrecht blockieren und das Leben unnötig schwer machen. Sobald Ihnen das bewusst ist, können Sie die Kraft Ihrer Gedanken aber auch dazu einsetzen, Ihr Leben schöner und einfacher zu gestalten. »Positives Denken« wird von manchen Menschen mit Argwohn betrachtet, weil sie befürchten, dadurch die Realität aus dem Blick zu verlieren. Diese Befürchtung zeigt allerdings nur eins: dass sie schon voll negativer Gedanken und selbsterfüllender Prophezeiungen stecken und ständig mit Fehlschlägen und Problemen rechnen. Kommt Ihnen das bekannt vor? Genau: Hier spricht der innere Kritiker! Wer stets mit dem Schlimmsten rechnet und das Leben als einen ständigen Kampf betrachtet, der ist fest in der Hand seines inneren Kritikers.

Eine solche »schwarze« Brille ist das genaue Gegenteil der berüchtigten rosaroten Brille, durch die alle Optimisten angeblich die Welt betrachten. Wenn Sie nun bedenken, wie selbsterfüllende Prophezeiungen wirken, sollte Ihnen die Entscheidung für die eine oder andere Brille eigentlich nicht schwer fallen.

Negative Gedanken verwandeln

Möchten Sie als Schwarzseher durchs Leben gehen und ständig mit dem Schlimmsten rechnen, oder aber als Optimist darauf vertrauen, dass Ihre positive Einstellung Ihnen viele Dinge im Leben zusätzlich erleichtert? Um sich zum Optimisten zu verwandeln, müssen Sie den »Gedanken-Stopp« nur um einen Schritt erweitern: Ersetzen Sie die negativen Gedanken und die selbsterfüllenden Prophezeiungen sofort durch ihr genaues Gegenteil: aus »Ich kann nicht« wird »Ich kann«, aus »Das geht sicher schief« wird »Das klappt sicher«, aus »Ich bekomme den Job nicht« wird »Ich überzeuge sie von mir« – und lassen Sie diese Sätze ebenso in Ihren Gedanken kreisen wie vorher die negativen Versionen.

Zu Anfang werden die negativen Gedanken noch hartnäckig wiederkehren – aber wenn Sie bewusst und mindestens ebenso hartnäckig dabei bleiben, sie sofort zu stoppen und durch positive Gedanken zu ersetzen, werden Sie im Laufe der Zeit von ganz alleine optimistischer denken.

Sorgen & Ängste über Bord werfen

Sorgen um die eigene Zukunft oder um geliebte Menschen können ziemlich belastend sein. Jeder von uns macht sich gelegentlich mal Sorgen – aber wenn die Sorgen den Großteil des Lebens bestimmen, ist es höchste Zeit, ihnen Einhalt zu gebieten. Dasselbe gilt für unsere Ängste. Es ist ganz natürlich, in manchen Situationen Angst zu haben, und manchmal – zum Beispiel beim Bungee-Springen oder wenn wir einen Horrorfilm ansehen – suchen wir die Angst sogar ganz bewusst, weil es ein tolles Gefühl ist, sie zu überwinden. Wer unter ständigen Ängsten leidet, kann dieses Gefühl allerdings nicht genießen – für ihn ist die Angst etwas zutiefst Belastendes.

Um Sorgen endlich loszulassen, hilft oft schon eine ganz einfache Methode: Stellen Sie sich die Frage, was Ihnen diese Sorgen bringen. Die Antwort wird fast immer sehr ernüchternd ausfallen: Sorgen nehmen Ihnen die Zuversicht, sie rauben Energie, halten Sie davon ab, wichtige Entscheidungen zu treffen und machen Ihnen das Leben schwer. Machen Sie sich dies intensiv bewusst, und stellen Sie sich danach bewusst vor, wie Sie die unnötigen Sorgen deshalb über Bord werfen.

Wer unter Ängsten leidet, steht nicht nur geistig, sondern auch körperlich stark unter Spannung. Techniken wie Autogenes Training, Tai Chi oder Yoga helfen, solche Spannungen abzubauen und der Angst entspannter in die Augen zu sehen. Eine Soforthilfe bei Angstanfällen ist die Bauchentspannung: Konzentrieren Sie sich auf Ihren Bauch, atmen Sie mindestens drei Mal tief bis in den Bauch ein und lassen Sie die Bauchmuskeln beim Ausatmen bewusst ganz locker werden.

Schließlich können Sie Ihre Sorgen oder Ängste auch noch mit der Lachübung entschärfen: Stellen Sie sich dafür vor den Spiegel, und sprechen Sie aus, was Sie am meisten bedrückt: »Ich habe Angst vor ...«, »Ich mache mir Sorgen, dass ...«. Sehen Sie sich an, und hören Sie sich zu. Schon nach wenigen Wiederholungen wird Ihnen die Sache komisch vorkommen. Lassen Sie diese Belustigung bewusst zu, bis Sie herzhaft über Ihre Angst oder Sorge lachen können – und lassen Sie sie dabei einfach los.

Werte & Ziele überprüfen

Sie haben nun schon viel dafür getan, Überflüssiges und Belastendes aus Ihrem Leben zu entfernen – und es von Wichtigem und Wertvollem zu unterscheiden, das sich zu behalten lohnt. Es gibt sogar Dinge im Leben, die so sehr zu Ihnen gehören, dass Sie sie nicht loslassen könnten, ohne sich selbst dadurch zu verlieren: Dies sind Ihre Werte. Werte wie Ansehen, Ehrlichkeit, Einfachheit, Erfolg, Erkenntnis, Freiheit, Gerechtigkeit, Harmonie, Individualität, Leistung, Liebe, Sicherheit, Toleranz, Verantwortung oder Würde, um nur einige zu nennen, geben Ihrem Leben einen inneren Sinn und bestimmen Ihre Ziele.

Oft sind wir uns unserer Werte allerdings nicht wirklich bewusst – dann gleicht unser Weg durchs Leben einem Blindekuh-Spiel, bei dem wir uns auf gut Glück in die richtige Richtung zu bewegen versuchen. Je klarer Sie sich dagegen über Ihre Werte sind, desto einfacher können Sie Ihrem Leben auch die gewünschte Richtung geben und sich sinnvolle, erreichbare Ziele darin setzen.

Um Ihre eigenen Werte besser zu bestimmen, hilft eine Werteliste: Nehmen Sie sich zwanzig Minuten Zeit und schreiben Sie alles auf, was für Sie einen Wert darstellen könnte. Dazu können spirituelle Werte gehören wie Religiosität, aber auch ganz pragmatische wie Kollegialität, viel Geld zu verdienen oder viel Zeit für sich zu haben. Dann nehmen Sie sich weitere zwanzig Minuten Zeit, um die zehn Werte aus Ihrer Sammlung auszuwählen, die für Sie am wichtigsten sind (Ihr Gefühl kann bei der Auswahl sehr helfen). Notieren Sie diese Werte untereinander, und vergleichen Sie der Reihe nach jeweils zwei Werte miteinander. Der für Sie wichtigere Wert bekommt einen Punkt. Wenn Sie alle Werte paarweise miteinander verglichen haben, haben Sie 45 Punkte auf die zehn Werte verteilt. Je mehr Punkte ein Wert hat, desto wichtiger ist er für Sie.

Anhand Ihrer Werte können Sie nun auch Ihre Ziele neu bewerten: Ihre Ziele sollten möglichst eng im Einklang mit Ihren Werten stehen, wenn sie Sie glücklich machen sollen. Ziele, die mit Ihren Werten gar nicht oder nur kaum übereinstimmen, können Sie ohne großen Verlust für sich aufgeben.

Falsche Vorbilder loslassen

Vorbilder sind wichtig – sie helfen uns dabei, unsere Ziele klarer vor Augen zu sehen und entschlossen unseren Weg zu gehen. Dies ist aber nur möglich, wenn wir uns Vorbilder wählen, deren Leben mit unseren eigenen Werten und Zielen so gut wie möglich übereinstimmt. Vor allem Jugendliche nennen oft prominente Reiche, Mächtige oder Schöne als Vorbild, ohne weiter über deren Persönlichkeit und Lebensumstände nachzudenken – aber sie werden sich vergeblich wünschen, als Millionenerben geboren zu sein, oder unerwartet als der neue Superstar auf der Straße entdeckt zu werden.

Nur realistische Vorbilder können uns tatsächlich auf unserem Lebensweg weiterhelfen – und als solche eignen sich am besten Menschen, die wir auch tatsächlich kennen. Wenn Sie beruflich weiterkommen wollen, lohnt es sich, einen erfolgreichen, sympathischen Kollegen als Vorbild zu nehmen – jemanden, den Sie selbst beobachten und sogar um einen Rat bitten können. Ferne, unerreichbare Idole wie Bill Gates oder Donald Trump können Sie dagegen getrost von der Liste Ihrer Vorbilder streichen.

Einfach nur sein

Die beste Voraussetzung für ein glückliches, einfaches Leben ist, in sich zu ruhen und jeden Augenblick bewusst zu erleben. Dies ist aber manchmal gar nicht so leicht: Unsere Gedanken beschäftigen sich oft mehr mit unserer Vergangenheit und der Zukunft als mit dem Hier und Jetzt. Dabei plagen wir uns allzu oft mit Sorgen und Grübeleien über Dinge, die wir jetzt sowieso nicht beeinflussen können – mit »geistigem« Gerümpel also, das uns das Leben unnötig schwer macht. Meditation ist eine der besten Möglichkeiten, diese Gedanken loszulassen und einfach nur im Hier und Jetzt zu sein.

Zum Meditieren ist kein besonderer Glaube und vor allem keine Anstrengung nötig – wichtig ist einfach nur, sich ganz im Augenblick zu versenken. Dabei können Sie diesen zeitlosen Zustand nicht nur dann erleben, wenn Sie sich bewusst zum Meditieren niederlassen, sondern auch bei anderen Tätigkeiten, die kein großes Nachdenken erfordern, wie zum Beispiel beim Spazierengehen, beim Betrachten eines Kunstwerks und sogar bei einfachen, gleichförmigen Aktivitäten wie Abwaschen.

Von Tag zu Tag Ballast abwerfen

Haben Sie schon einzelne Ratschläge aus diesem Buch in die Tat umgesetzt? Dann haben Sie vielleicht auch schon bemerkt, wie Ihr Leben dadurch einfacher und überschaubarer geworden ist – und wie viel leichter Ihnen manche Dinge plötzlich fallen. Diese Vereinfachung können Sie nach Herzenslust fortsetzen – aber nicht nur im Rahmen von gezielten, vereinzelten Entrümpelungsaktionen, sondern indem Sie das Entrümpeln in Ihren Lebensstil integrieren.

Das Entrümpeln auf materieller Ebene wirkt wie eine Diät für Ihr Zuhause: Sie können dabei in kurzer Zeit viel Ballast abwerfen, aber wenn Sie danach genauso weitermachen wie vorher, wird das Chaos sicher wieder einen Weg in Ihr Zuhause finden, und früher oder später sind alle Räume wieder vollgestopft. Natürlich können Sie dann einfach wieder gründlich entrümpeln – der Erfolg wird jedes Mal wieder deutlich sicht- und spürbar sein. Noch viel einfacher ist es jedoch, erst gar nicht wieder so viel überflüssiges Gerümpel aufkommen zu lassen.

Gerümpel? Nein danke!

Sie erinnern sich sicher, dass das Chaos in unserer Umgebung auch ein Ausdruck des Chaos ist, das in unserem Inneren herrscht. Wenn sich schon kurz nach dem Entrümpeln und Aufräumen neue Inseln der Unordnung in Ihrem Zuhause bilden, ist dies ein sicheres Zeichen dafür, dass in Ihrem Leben über andere, wichtige Dinge noch keine Klarheit herrscht – es schadet daher nicht, das äußere Gerümpel als Wegweiser zu betrachten, der Sie dazu auffordert, alle Bereiche Ihres Lebens in Ordnung zu bringen.

Gleichzeitig beruhigt es unsere Gedanken und hilft dabei, die Dinge klarer zu sehen, wenn wir zunächst einmal das greifbare Chaos in unserem Zuhause in den Griff bekommen. Ich habe festgestellt, dass ich beim Aufräumen nicht nur gute Ideen »finde«, sondern dass auch Probleme und Sorgen dabei plötzlich viel überschaubarer erscheinen – und sich dadurch leichter lösen lassen. Diese Wirkungen des Entrümpelns können Sie jedoch nur erfahren, wenn Sie es in die Tat umsetzen. Und je regelmäßiger Sie dies tun, desto deutlicher werden sie Ihnen bewusst werden.

So halten Sie auch in Zukunft Ordnung

Ordnung schaffen ist gar nicht so schwer – das haben Sie ja inzwischen sicher selbst schon festgestellt. Trotzdem ist Ordnung für viele Menschen immer noch ein Reizwort. Sie verbinden sie zu sehr mit Zwang und starren Regeln (und oft genug mit der unbewussten Erinnerung an die vielen lästigen Ermahnungen in der Kindheit), als dass sie Ordnung bewusst als einen Wert für sich betrachten könnten. Ordnung ist allerdings in hohem Maße eine Frage der Auffassung: Ihr Sinn ist es ja eben nicht, unser Leben in ein Korsett aus Zwängen und Regeln zu verpacken, sondern es im Gegenteil einfacher, überschaubarer und damit einfach leichter zu machen. Falls Sie sich mit dem Gedanken an ständige Ordnung noch nicht so recht anfreunden konnten, ist jetzt genau der richtige Zeitpunkt dafür: Lassen Sie alle Gedanken an der Länge nach sortierte Stifte, linear aufgereihte Toilettenartikel oder nach Wochentagen sortierte Unterwäsche los – sie sind kein Ausdruck von Ordnung, sondern von Zwanghaftigkeit. Sinnvoll ist es dagegen, wenn sich alle Stifte in einem Behälter, alle Toilettenartikel griffbereit und alle Wäschestücke übersichtlich in einer Schublade befinden – so können Sie alles auf den ersten Griff finden. Sie wissen ja: Aufräumen und Ordnung halten fällt leichter, wenn Sie gleiche oder zusammengehörende Dinge am selben Ort aufbewahren (und zwar dort, wo sie auch benutzt werden), allen Dingen einen leicht erreichbaren Platz geben (dies ist umso wichtiger, je öfter Sie sie benutzen), und schließlich alle Kisten, Kartons und Ordner so beschriften, dass Sie auf den ersten Blick wissen, was sich darin befindet.

Mit Hilfe dieser Regeln können Sie in Ihrem Zuhause eine lebendige Ordnung schaffen, die sich Ihren Bedürfnissen anpasst und offen für sinnvolle Veränderungen ist. Dadurch fällt es auch leicht, den Überblick zu behalten und sofort mühelos alles zu finden, was Sie gerade benötigen. Sie werden sehen: Nach einer Weile werden Sie diese Ordnung nicht mehr missen wollen, und es wird Ihnen gar nicht mehr auffallen, dass Sie viele Dinge automatisch sofort wieder an ihren richtigen Platz legen.

Dauerhafte Ordnung – das Sofortprogramm

Mit den folgenden Tipps bekommen Sie schnell und einfach auch den chaotischsten Haushalt in den Griff:

- Geben Sie allen Dingen einen sinnvollen, leicht erreichbaren Platz.
- Räumen Sie alles sofort an seinen Platz zurück, nachdem Sie es benutzt haben.
- Werfen Sie alles, was Müll ist, sofort in den Mülleimer.
- Alles Heruntergefallene sofort aufheben, alles Umgekippte sofort aufstellen.
- Alle Flecken auf Küchenzeile, Tisch und Boden sofort wegwischen.
- Nichts stapeln, unbesehen in irgendwelche Kisten stopfen, eben mal unters Bett schieben oder in einer freien Ecken anhäufen.
- Nichts doppelt haben oder kaufen – Verbrauchtes statt dessen sofort auf die Einkaufsliste schreiben und nachkaufen.
- Reparaturen oder Näharbeiten innerhalb einer Woche erledigen oder wegbringen.
- Unnützes, Überflüssiges, Unbrauchbares oder Kaputtes sofort verschenken oder wegwerfen.

Zeit zum Entrümpeln finden

Die häufigste Ausrede, mit der wir das Entrümpeln auf die lange Bank schieben und das Chaos in unserem Leben zu rechtfertigen versuchen, ist, dass wir angeblich keine Zeit dafür haben. Ebenso gut könnten wir allerdings behaupten, dass wir nicht arbeiten könnten, weil uns das nötige Geld dafür fehlt.

Entrümpeln schafft nicht nur freien Platz in unserem Zuhause, es kann uns auch unglaublich viel freie Zeit schenken. Dies beginnt schon damit, dass wir uns all die Zeit sparen, die wir bisher mit Suchen verbracht haben oder damit, unser Gerümpel sinnlos von einer Ecke in die nächste zu stapeln. Viel deutlicher wird es jedoch, wenn wir das Entrümpeln auch auf den Rest unseres Lebens ausdehnen und unsere Zeitplanung, unsere Arbeit, unsere Beziehungen und nicht zuletzt unseren Umgang mit uns selbst von unnötigem »Gerümpel« befreien. »Keine Zeit« ist daher kein Grund, das Entrümpeln zu verschieben, sondern stattdessen der wichtigste Grund, überhaupt erst damit anzufangen – denn was Sie zu Anfang an Zeit darin investieren, bekommen Sie später um ein Vielfaches wieder zurück.

Mehr Gelassenheit im Alltag

Das wichtigste Ziel des Entrümpelns ist, Ihnen das Leben leichter zu machen. Zu Anfang ist dafür zwar etwas Arbeit nötig – Ordnung zu schaffen, Überflüssiges auszusortieren und Ballast abzuwerfen erledigt sich ja nicht von alleine. Danach ist der Effekt jedoch derselbe wie auf Ihrem Zeitkonto: Die anfängliche Investition zahlt sich mit Zins und Zinseszins wieder aus. Je gründlicher Sie das Entrümpeln in Angriff nehmen, desto leichter wird es Ihnen später fallen, Ihr Leben dauerhaft im Griff zu behalten. Wenn Sie sich von überflüssigem und belastendem Ballast trennen, werden Sie feststellen, dass Sie sich wieder mehr dem nähern, war Ihnen wirklich wichtig ist. Einer der wichtigsten Effekte des Entrümpelns entsteht in Ihnen selbst: Je mehr Sie sich auf das Wesentliche in Ihrem Leben konzentrieren, desto leichter fällt es Ihnen, gelassen und in sich ruhend Ihren persönlichen Lebensweg zu beschreiten. Auch Probleme und Herausforderungen können Sie nicht mehr so leicht aus der Bahn werfen, wenn Sie sich nur von Ihren eigenen Werten und Zielen leiten lassen.

Machen Sie sich keine Gedanken, wenn Ihnen dies nicht von Anfang an perfekt gelingt – der Weg zu sich selbst und das Erkennen der eigenen Lebensziele gehören immerhin zu den größten Herausforderungen, denen wir uns überhaupt stellen können. Übertriebener Perfektionismus ist hier – wie in allen anderen Lebensbereichen auch – nichts als Ballast, der uns unnötige Sorgen und Stress beschert.

Die meisten Sorgen, den meisten Stress und die meisten seelischen Belastungen erlegen wir uns immer noch selbst auf. Wir machen uns das Leben unnötig schwer, indem wir negativen Gedanken, selbsterfüllenden Prophezeiungen und unserem inneren Kritiker viel zu viel Bedeutung einräumen. Das Entrümpeln Ihres Zuhauses ist nur eine Vorstufe zum eigentlichen Ziel des Entrümpelns: Um Ihr Leben wirklich leichter und einfacher zu gestalten, ist es unbedingt nötig, auch die Psyche von allem belastenden Ballast zu befreien.

Am reichsten sind die Menschen,
die auf das Meiste verzichten können.

Rabindranath Tagore (1861–1941)

Gute Aussichten

Können Sie sich vorstellen, wirklich frei zu sein? Frei von allen Belastungen, Ängsten und Sorgen, frei von lästigen Verpflichtungen und frei, alles zu tun, was Ihnen wirklich am Herzen liegt? Können Sie sich das wunderbare Gefühl vorstellen, das wirkliche Freiheit mit sich bringt? Wirkliche Freiheit ist heute nicht mehr möglich, antworten die meisten Menschen auf diese Frage. Schließlich müssten Sie dafür alles aufgeben, was sie in irgendeiner Form bindet, und dazu würden auch viele liebe Menschen zählen und Dinge, die ihnen wirklich wichtig sind.

Mit den Entrümpelungsstrategien, die Sie in diesem Buch kennen gelernt haben, können Sie Ihr Leben von viel überflüssigem Ballast befreien und das wiederfinden was wesentlich ist: die Aspekte Ihres Lebens, die Ihnen wirklich wichtig sind und in denen sich Ihre Persönlichkeit, Ihre Werte und Ihre Individualität ausdrücken.

Ausgangspunkt dieser Reise zu sich selbst ist in den meisten Fällen ein überfülltes Leben, in dem sich im Laufe der Jahre viel unnötiger Ballast angesammelt hat, der Ihnen den Blick auf das verstellt, was eigentlich wichtig ist. Wenn Sie sich jedoch auf die Vorstellung von absoluter Freiheit einlassen, beginnen Sie die Reise zu sich selbst am genau entgegengesetzten Extrem: bei einer absoluten Leere, die Sie mit all dem anfüllen können, was Ihnen zutiefst am Herzen liegt. Ihr wahres Glück liegt für die meisten Menschen irgendwo zwischen diesen beiden Extremen: zwischen Überfluss und Leere, zwischen wichtigen Verpflichtungen und absoluter Freiheit. Nehmen Sie sich die Freiheit, sich auf die Suche nach dem zu begeben, was Ihnen echte Lebensfreude und Erfüllung schenkt – und sich von all dem zu befreien, was Ihr Leben nur unnötig belastet und schwer macht. Ihren Keller zu entrümpeln scheint vielleicht ein unbedeutender, anstrengender erster Schritt auf diesem Weg zu sich selbst zu sein – aber wenn Sie den Weg ein Stück weiter gegangen sind, werden Sie feststellen, dass es trotzdem ein wichtiger erster Schritt war, der viele Dinge danach leichter und einfacher gemacht hat.